メスを超える

異端外科医のイノベーション

医師

杉本真樹

東洋経済新報社

目次

序章

メスを持たない外科医の「VR支援ロボット膵癌手術」

メスを握らない外科医が、手術室で空中に向かって指示を出す。

「この症例は腫瘍が膵実質の奥深くまであるので切除が難しい。アオルタ（大動脈）を前面にして、膵臓《すいぞう》を真裏から見ると、その尾側に脾動脈《ひどうみゃく》がある。脾動脈は膵実質から下に凸《とつ》に離れている」

「これは横行膵動脈。解剖学的な位置がすごくよくわかるな」

「CT画像で確認していたより、腫瘍は意外と尾側にあるね。それと膵臓の実質を切り離すときに、膵臓が分厚いとステープラーが届かないから、膵臓が薄いところ、細いところを切離ラインとしよう」

「脈管系で気をつけるべきは……、通常と違いこの症例は左胃動脈が脾動脈から分枝しており誤認に気をつけよう。脾動脈は温存したいが比較的深いところを走っているので、膵臓の裏側からアプローチしたほうがいい。するとその手前で脾静脈に当たる。横行膵動脈が切離ラインに割と近いので、そこは出血に気をつけなければならないな」——

2020年冬、東京都板橋区にある帝京大学医学部附属病院。4階にある中央手術室で、医療スタッフたちは手術の準備に余念がない。

腹部を露出し、あとは覆布ですっぽり覆われた患者を挟んで向かい合っているのは、肝胆膵外科グループの三澤健之教授と和田慶太准教授だ。向かって左には直接介助（器械出しという）の看護師、その隣に助手の外科医、右側後方に麻酔科医と臨床工学技士、外回りの看護師が陣取る。

この日行われるのは、膵尾部《すいびぶ》（膵臓の端の部分。十二指腸に接している側を頭部、脾臓に接している細長い部分を尾部という）に発生した腫瘍を腹腔鏡《ふくくうきょう》というカメラを使い切除する膵体尾部切除術だ。「ｄａ Ｖｉｎｃｉ（ダ・ヴィンチ）」という手術支援ロボットを用いて行われる。

そのため、ｄａ Ｖｉｎｃｉのプロンプター（指導者）を務める東京医科大学外科の永川裕一准教授、ｄａ Ｖｉｎｃｉの開発元であるインテュイティブサージカル社の技術者などが立ち会っている。その周りを医学生や手術見学者がずらりと取り囲んでおり、テレビドラマよりも壮観だ。

さらにこの手術室では、不思議な光景が繰り広げられている。

冒頭の会話で、手順の確認をしている三澤先生と和田先生の視線の先には――何もない。何もない空中に向かい、２人はこぶしを握ってぐっと手前に引き寄せたり、ろくろを回すような動作を繰り返している。手術前のストレッチでは……もちろんない。

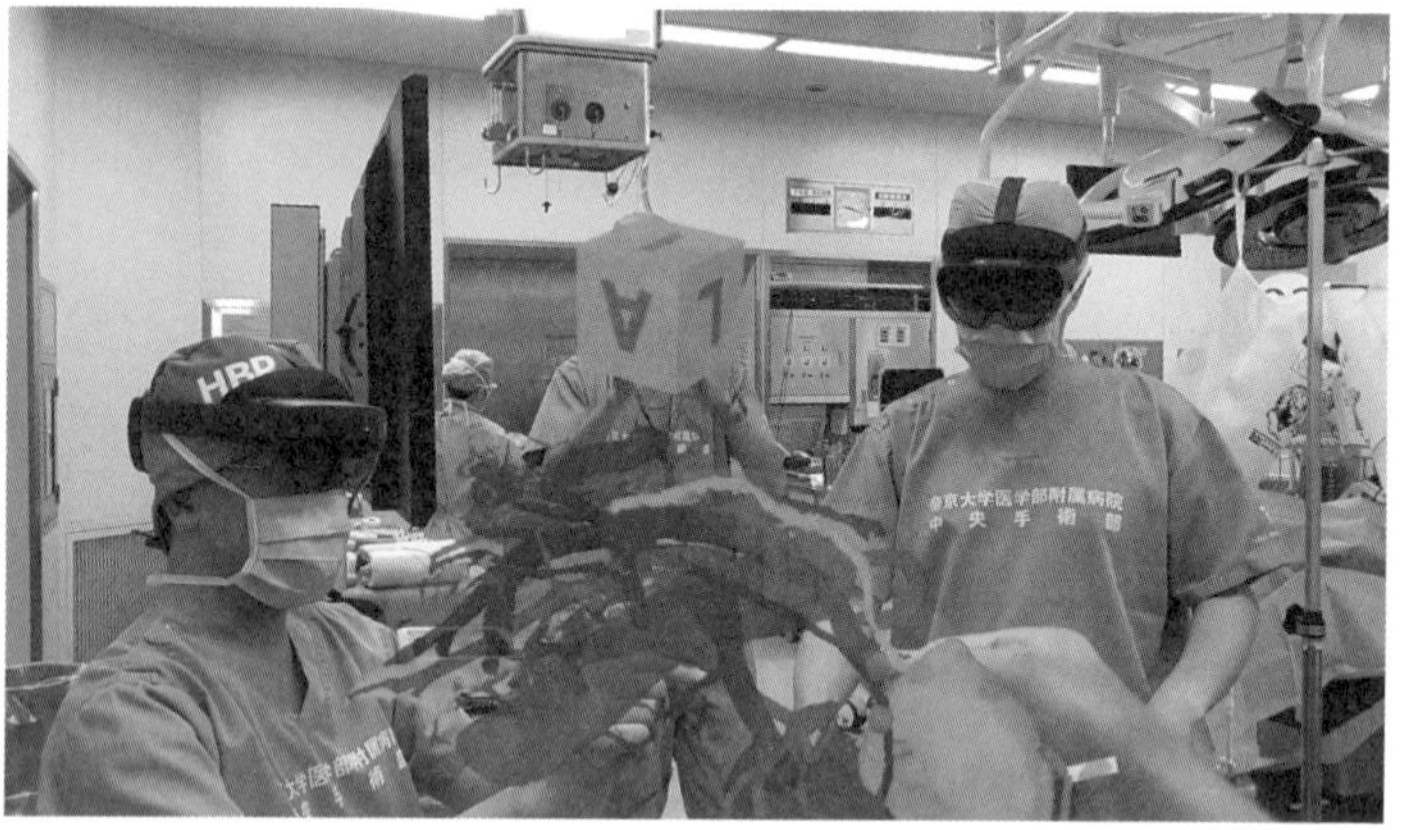

VR ゴーグルの先に臓器が浮かぶ

実は、2人ともＶＲ（仮想現実）ゴーグルを装着しているのだ。レンズ越しに、目の前には、患者の臓器のＶＲ画像が現実空間にあるように見えている。

それだけではない。立ち会い者や見学者の多くが、ＶＲゴーグルをかぶっている。彼らにも、ＶＲ画像が透明のディスプレイ越しに見えている。

赤い動脈、青い静脈、紫色のコーヒー豆のような臓器は脾臓、黄色で表示されたオタマジャクシを連想する形の臓器が膵臓。膵臓の脾臓寄りにある緑色のかたまりが癌だ。三澤先生がジェスチャーで臓器を拡大したり回転させたりすると、ＶＲゴーグルを装着した全員に共有され、同じように拡大・回転して見える。

これから行われる手術は、帝京大学附属病院で行われるロボット支援による3例目の膵臓手術であり、VR画像を手術ナビゲーションとする「VR手術」なのである。

午前9時、手術が始まった。規則的なリズムで心電図モニタの拍動《はくどう》同期音が響き、手術室の空気は張り詰めている。

da Vinciの司令塔であるサージョンコンソール（操縦席）でマスターコントローラを握り、ペイシェントカート（本体）に取り付けられたロボットアームの鉗子《かんし》や内視鏡カメラを遠隔操作する三澤先生。その左隣に着座する私が装着しているのは、立ち会い者たちがかぶっているメガネ型ゴーグルとは異なり、顔面をすっぽり覆う、VRゲームでもなじみがあるタイプのVRゴーグルだ。

私は、三澤先生のリクエストに応じ、ときには先回りして、切離や剝離する部分を把握しやすいよう、両手に持ったVRゴーグル専用のコントローラで臓器を回転させたり、回り込むような動作で臓器の側面や裏側を見たりする。こうやって得られたVR画像は、サージョンコンソールのモニタへと転送される。

三澤先生は、内視鏡カメラによる手術中の腹腔の映像と、転送されたVR画像とを同時に表示させて解剖学的位置を確認し、手術ナビゲータとしてロボット支援手術を行っているのである。

――そして数時間後、多くのギャラリーが見守るなか、想定外の大量出血や特別なトラブルもなく、ロボット膵体尾部切除術は無事終了した。

手術ロボット、VR手術、手術ナビゲーション……。読者の多くにはなじみが薄い、難しそうなキーワードがここまでにいくつか登場した。

これらのキーワードの意味、そして私がなぜ退職後16年ぶりに再び帝京大学附属病院の中央手術室でVR手術を行っているかは、これから明らかにしていく。

この、私たちが取り入れているVRをはじめとしたテクノロジーは、医療そのものを、そして外科医をとんでもない未来へ導いてくれる可能性を秘めている。私は最近、最先端テクノロジーと人々の繋がりが医療に新たな価値を生むと確信し始めている。

ではなぜ一外科医がイノベーションに挑み続けるのか。これまで語ることのなかった信念と熱狂を、新しい日常を迎えた今こそ次世代に継ぐべく、ここにアーカイブしておく。

第1章

バーチャルとリアルが共存する医療現場

バーチャルとリアルはすでに共存している

ＶＲ（virtual reality：仮想現実）という言葉の本当の意味をご存じだろうか。最近はそれに関連してＡＲ（augmented reality：拡張現実）、ＭＲ（mixed reality：複合現実）といった言葉も登場している。

実際に体験すればこれらの違いを体感できる。そこをあえて言葉で説明してみよう。

ＶＲは自分が仮想空間の中に放り込まれている状態のことだ。右を向けば仮想空間内の右の光景を、左を向けば仮想空間内の左の光景を見ることができる。近景、遠景、空、地面、自分を取り囲む全天周３６０度が仮想世界である。

ＡＲは現実空間にＣＧ（コンピュータ・グラフィックス）を重ねた状態で、身近な例ではスマートフォンゲーム「Ｐｏｋéｍｏｎ ＧＯ」のＡＲモードがそうだ。スマートフォン内蔵のカメラを通したリアル映像にポケットモンスターが合成されているあのシーンといえばわかるだろう。現実世界に仮想世界の情報が加わるから拡張現実という。

そしてＭＲはＶＲとＡＲをミックスさせたものである。ＡＲモードのポケモンは画面の中でしか見られない。ＭＲなら画面を気にせず近づけば大きく見え、離れれば小さくなる。

VR、AR、MRの分類と特徴

	VR	AR	MR
正式名称	virtual reality	augmented reality	mixed reality
日本語訳	仮想現実	拡張現実	複合現実
技術概要	仮想空間上に実際にいるかのような体験ができる	現実空間にCGを重ねて現実感のある仮想空間をつくる	現実空間と仮想空間を融合させて実在感を構築する
表示機器例	Oculus Quest 2、HTC VIVE、PlayStation VR、FOVE	RETISSA、Telepathy Walker	Microsoft HoloLens 2、Magic Leap 1、Nreal Light

VR、AR、MRの画像の違い

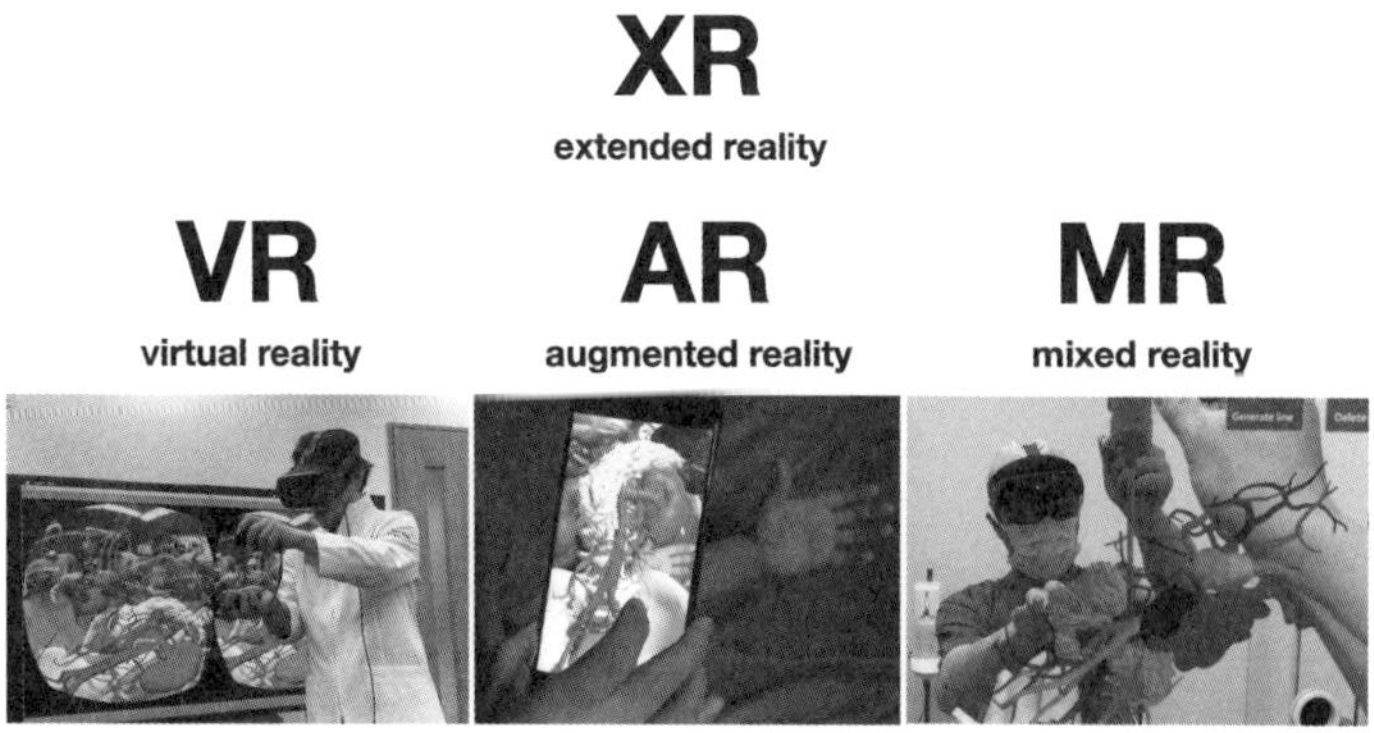

背後に回り込めば後ろ姿も観察できる。まさに現実世界と仮想世界が融合して互いに影響し合う世界だ。

ＶＲ、ＡＲ、ＭＲをまとめてＸＲ（extended reality）と呼ぶこともある。本書では正確な説明を心がけて、ＶＲ、ＡＲ、ＭＲを状況に応じて使い分けるようにするが、場面によっては、「ＶＲでもＭＲでも実現できる」とか「閲覧するウェアラブル機器の種類によってＶＲでも見られるし、ＭＲのようにも見える」ときがある。その場合はＸＲと総称する。そんな体験ができるデバイスはインターネットですでに誰でも安価に入手できる。バーチャルとリアルはすでに日常的に共存しているのだ。

身近な技術になったＶＲ

新モデルが発表されるたびに大きな話題になる家庭用ゲーム機「PlayStation（プレステ）」。プレステにはゲームをＶＲで楽しめる周辺機器 PlayStation VR がラインアップされていることを知っている人も多いだろう。ゴーグルを装着したプレーヤーは、フィールドに立つキャラクター目線で臨場感と迫力満点のゲームを楽しめる。これらはエンターテインメント分野でのＶＲ利用だ。

工場の組み立て工程でのシミュレーションや、自動車整備工場での整備教育でもVR技術が取り入れられている。最近では、店員教育にVRを活用すると発表した大手コンビニエンスストアチェーンが話題になった。

ゴーグルのディスプレイに作業指示やマニュアルが表示され、実際の機器や製品には名前や機能を示すエアタグが重なって表示される（これを重畳《ちょうじょう》という）。紙の指示書や整備マニュアルを片手に持ち、ページをめくりながら作業を行う必要はない。両手は常に自由の状態を保てるので安全だし、すぐに作業に取りかかれるのは効率がいい。

高性能のパーソナルコンピュータ、スマートフォンやタブレットなどの携帯情報端末、汎用性が高いソフトウェアやクラウドサービスも、今や手軽に利用できるようになった。提供されるデジタル情報も、平板なモニタやディスプレイで見るだけでなく、各種センサを内蔵したウェアラブルな機器を装着することで、現実空間とVR情報を隔たりなく、安価に視聴し、体感できる。

こうしたコンピュータ技術とウェアラブルによってつくられる現実と仮想の複合環境と、人間と機械の相互作用が実現される技術がXRなのである。

ウェアラブル、仮想の複合環境、人間と機械の相互作用。難解そうな用語が次々に登場してきた。次は身近な例を挙げ、なるべくわかりやすく説明していこう。

ウェアラブル機器がVRを進化させた

ウェアラブルとは「ｗｅａｒ（身に着ける）＋ａｂｌｅ（できる）」、つまり装着または着用できるという意味だ。

ウェアラブル機器はさまざまな製品がメーカー各社から開発・発売されている。形もヘッドギア型、ゴーグル型、メガネ型などバリエーションに富んでおり、名称も先ほど述べたゴーグルのほか、ヘッドマウントディスプレイ、ヘッドセット、スマートグラスなど多岐にわたる。

これらを総称し、「ＨＭＤ」とする。

ＨＭＤには音声入力や視線入力、身振り（ジェスチャー）による操作が可能なものもある。手が油などで汚れていて機器を触れなかったり、逆に機器を触って手を汚したくなかったりする場合に、音声や視線でオン・オフしたり、空中に浮いて見える３Ｄモデルをジェスチャーで拡大・縮小できたりするのは便利だ。

われわれ外科医にとって、手術中に清潔操作が要求される外科手術で、どこにも触ることなく直感的に操作できるのは都合がいい。手術操作を行う執刀医や器械出しの看護師は、

さまざまなHMD

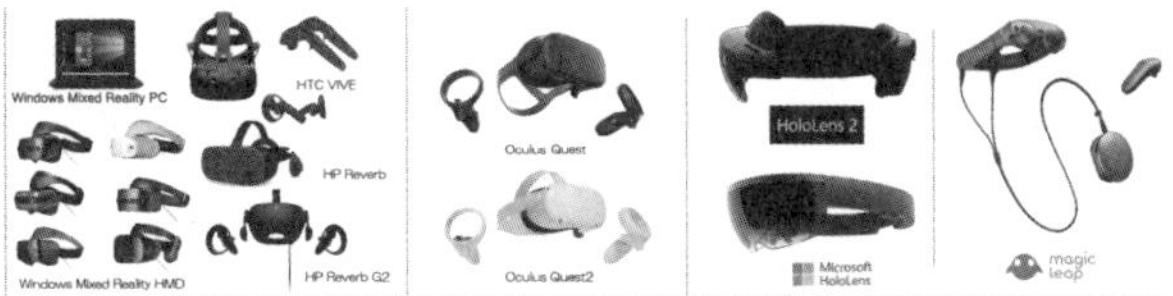

Holoeyesサービス 対応HMD 比較表	VR-ready PC + VR-HMD	Standalone VR-HMD	MR-HMD	
活用シーン	長時間カンファレンス	カンファレンス 教育・患者説明・学会発表	手技・手術中 穿刺ガイド提示	
特徴	HMDは安価 WindowsPCで利用できる プロジェクターに表示が簡単	安価 スタンドアロン 6軸自由度で自由に動ける	画面が透明　現実が見える スタンドアロン HL2:重心バランスがよく軽量 HL2:装着時の締め付けなし	ヘッドセットが軽量 ジェスチャーとコントローラ
メリット	解像度が高い バッテリー時間が長い	PCが不要 没入感が高い ジェスチャーとコントローラ Side by sideで録画できる スマホ用VR動画制作が簡単	PCが不要 ケーブルレス ジェスチャーで操作	
デメリット	VR対応PCが必要　高価 ケーブルで接続 PCが高額 現実が見えない	現実が見えない アプリインストールは SideQuestと開発者モード Facebookアカウントが必要	バッテリー時間が短い 視野範囲が狭い 高額 ジェスチャー精度が低い	ケーブル付き メガネがぶつかる 録画が暗い

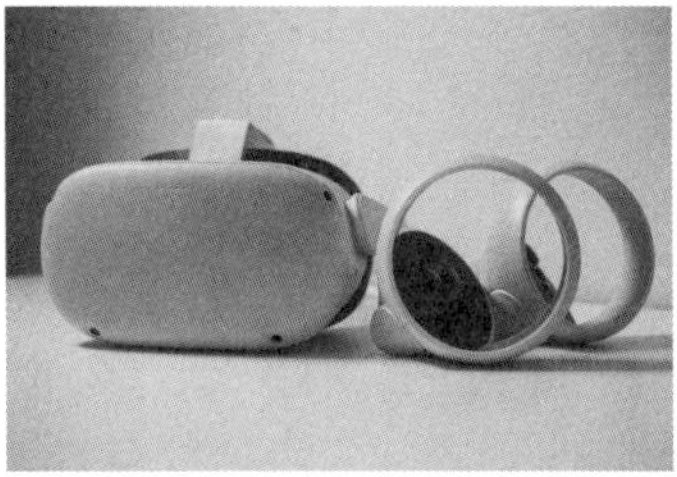

Oculus Quest 2（左）と HoloLens 2（右）

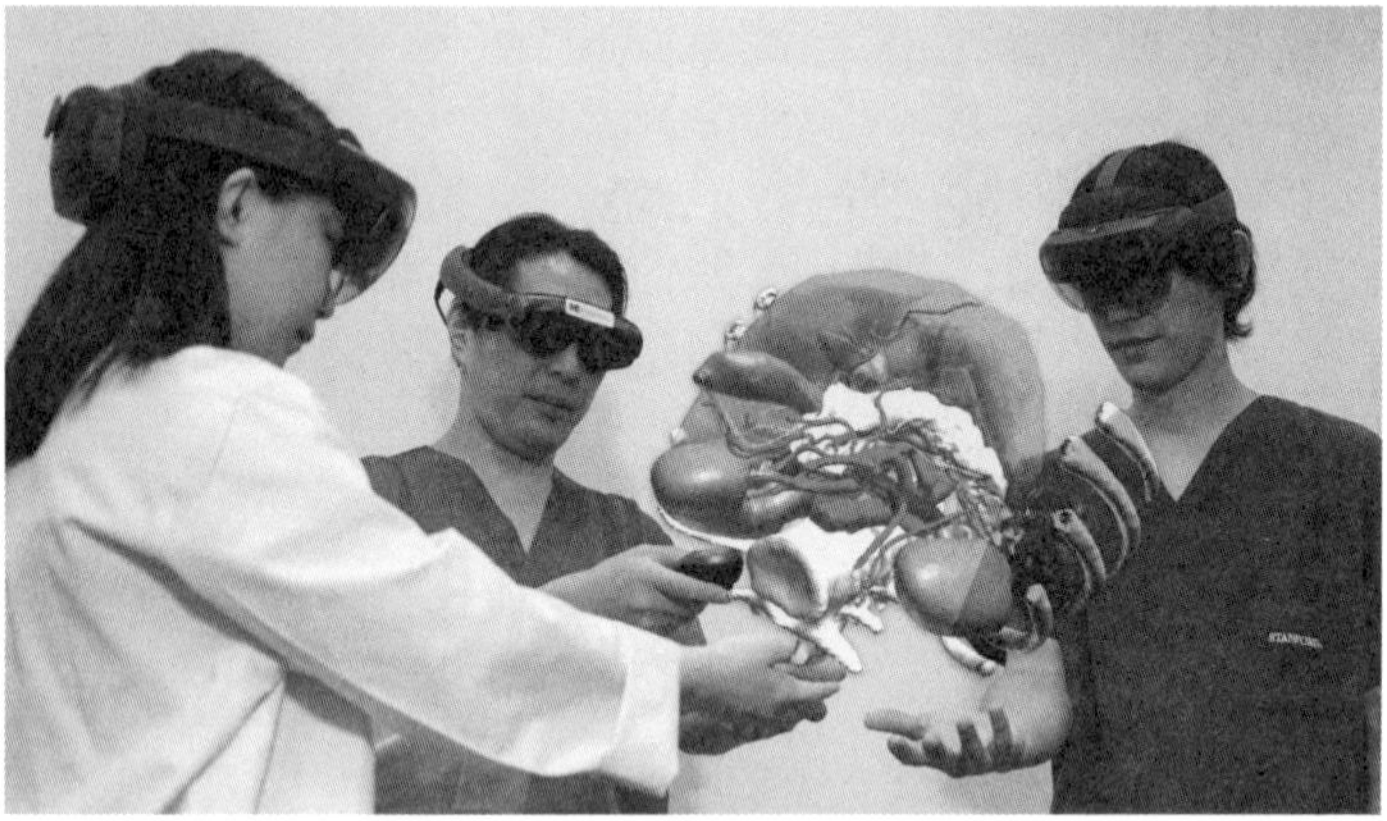

透過型のHMDを装着すれば、臓器の3Dモデルが空中に浮かんで見える

手術前に手洗い（消毒）し、滅菌ガウンを着て、滅菌グローブを着ける。滅菌グローブを着けた手で不潔な物品を触るのは厳禁なのだ。

ここでいう清潔や不潔という言葉は、日常的に使う清潔・不潔とは意味が異なる。清潔とはすべての微生物を死滅させた状態（滅菌）か、滅菌できないものでは殺菌した状態を指す。それ以外のものはすべて不潔だ。汚物やほこりがついているといった見た目の汚れだけでなく、普段暮らしている生活状態も不潔と定義されている。外から手術室に持ち込んだＨＭＤの操作ボタンに滅菌グローブでうっかり触れてしまうと、滅菌グローブは汚染され不潔になってしまう。

ユーザーが１人で閲覧するだけでなく、複数人が同時に仮想空間を共有できる機能をもつ

ＨＭＤもある。Ｗｉ－Ｆｉなどでお互いの位置情報を共有し、複数人が同時に同じ３Ｄモデルを見ることができれば円滑なコミュニケーションも可能になる。

ＨＭＤをかぶると、非常に奥行きのある立体視ができる。拡大レンズの効果で視野も広がる。３６０度全方向に対して、顔を向けた方向に連続する仮想空間を遅延なく瞬時に表示するので、人は常に周りを取り囲まれているような感覚になる。

ＨＭＤには加速度センサや回転センサ、位置センサ、深度センサなどが搭載されており、自分が動いた分、仮想空間も追従する。そのため直感的な世界に没入できる仕組みだ。

医療現場こそVRを必要としてきた

医療現場でもＶＲ技術は活用が進んでいる。特に立体診断や治療計画、手術支援などの臨床現場から、シミュレーション、患者説明、トレーニング、学術研究、教育分野などで導入されている。

医療ではもともとシミュレータという練習用の機械が、臨床や医学教育で活用されていた。メスによる切開とか縫合、気管挿管や注射をぶっつけ本番でやったり、生身の人間で試したりはできない。そこでマネキンや臓器模型で練習したり、画像で予習したりするわ

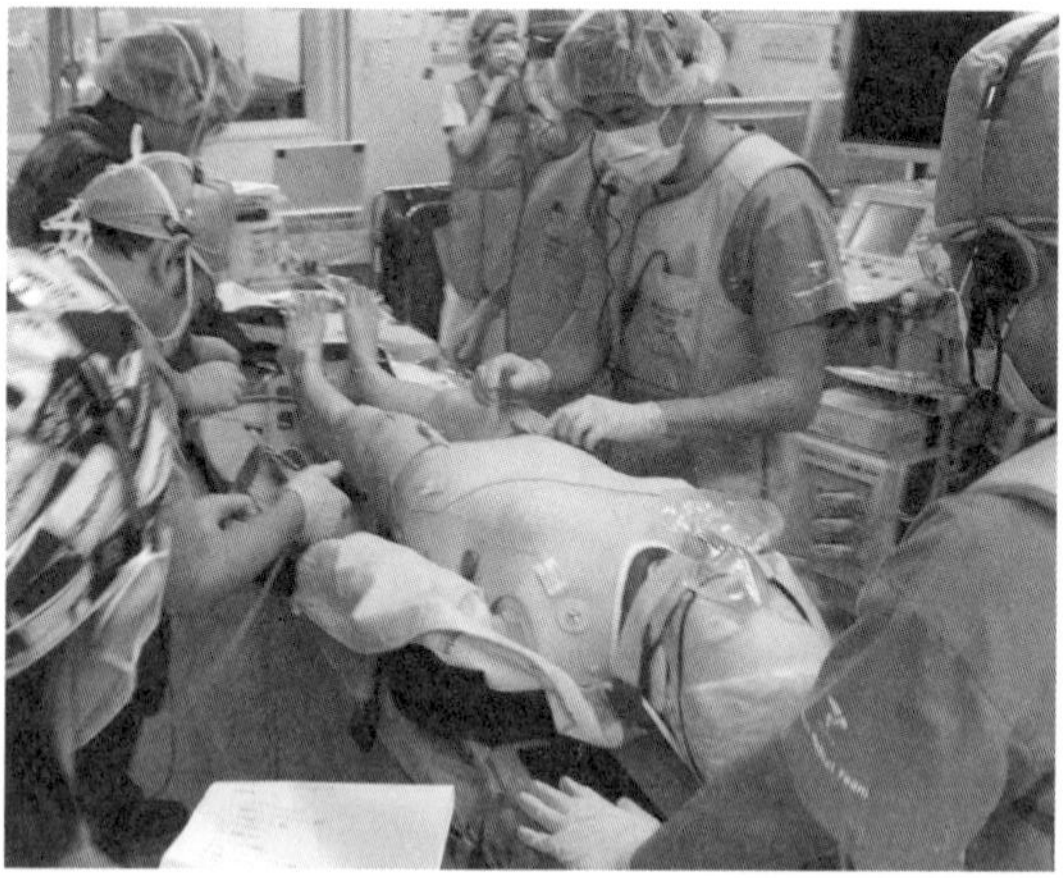

手術を再現できる医療用マネキントレーニング

けだ。

こうしたシミュレータは概して価格が高く、画像も実在の患者個人のものではなくCGアニメやイラストでつくられたものがほとんどだった。

そこで私たちは患者個人の医用画像データから、個別にシミュレーションや手術計画を立てることができるシステムを開発した。名前を「Ｈｏｌｏｅｙｅｓ（ホロアイズ）」という。詳しくは後で説明するが、ここではシステムの概要を紹介しておこう。

まず、患者個人の医用画像（エックス線やＣＴ、ＭＲＩなど）を3次元化し、臓器や血管や癌などの形を座標データに変換してポリゴン（多角形）として書き出す。ポリゴンデータをクラウドサーバに送信すると、自動

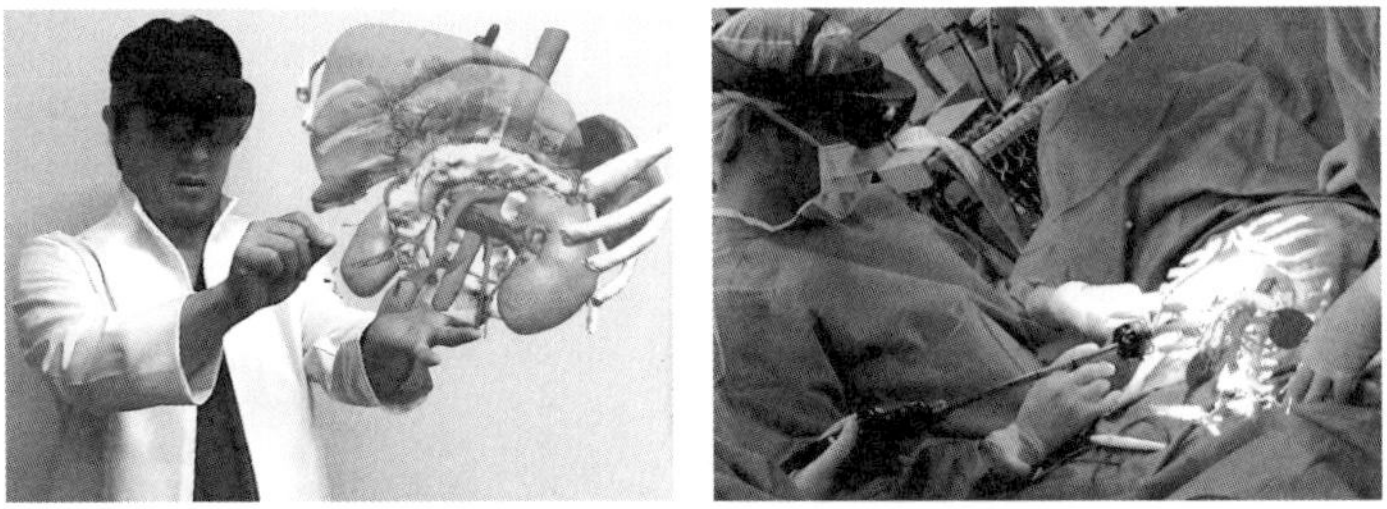

患者の臓器や血管の形が 3D となって空中に浮かんで見える。
実際の身体に重ねながら手術も可能だ

でＶＲ用の３Ｄモデルに変換される。この３Ｄモデルデータをインストールして、ＨＭＤで見ると、目の前に立体の臓器や血管が浮かび上がって見えるのだ。

もう少し正確にいうと、私たちがアセットと呼んでいる臓器などのＶＲ用３Ｄモデルデータをクラウドサーバからダウンロードし、専用のＶＲアプリケーションソフトウェア（ＶＲアプリ）をインストールしたＨＭＤやパソコンで実行することで、空中に浮かんだ臓器を見たり体感したりすることができるようになる。

指でつまんで引き寄せたり、大きさを変えたりといったジェスチャーや、ＨＭＤ専用のコントローラで、３Ｄモデルを回転させたり、自由自在に拡大したり縮小したりできる。しかも、３Ｄモデルに医師や患者も合わせて表示できるので、３Ｄモデルの体内や臓器の中に入ったり、裏側をのぞき込んだりするようなこともたやすい。あたかも目の前の空中に浮かんでいる臓器の間を歩き回るように体感でき、その周りを動きながら閲覧すると、存在感や臨場感がさらに増す。手術中には実際の患者の手術部位に3Dモデルをホログラムのように重ね合わせることも可能だ。

CTやMRIでのモニタ画面による診断との違い

先に患者個人の医用画像といったが、もとになるのはエックス線写真、CTやMRIといったみなさんもよく知っている画像データだ。

医用画像とは、CT（computed tomography：コンピュータ断層撮影）やMRI（magnetic resonance imaging：核磁気共鳴画像法）検査で撮像したデータのことをいう。CTやMRI検査を受けた結果を、印刷された紙やCD‐ROMで見たことがある人もいると思う。あれらは2次元だが、医療現場ではこうした検査画像を3次元的に表示していた。ただし、データが3次元であっても平面のモニタ画面で見るものにすぎなかった。

モニタの画面では奥行きや大きさなど立体的な構造を把握しにくかった。それがVR技術によって、臓器の立体的な位置関係や血管の走行、脂肪や筋骨格などの複雑な空間的位置関係をより直感的に理解できるようになったのだ。

CT（左）とMRI（右）の2D画像と3D再構成画像

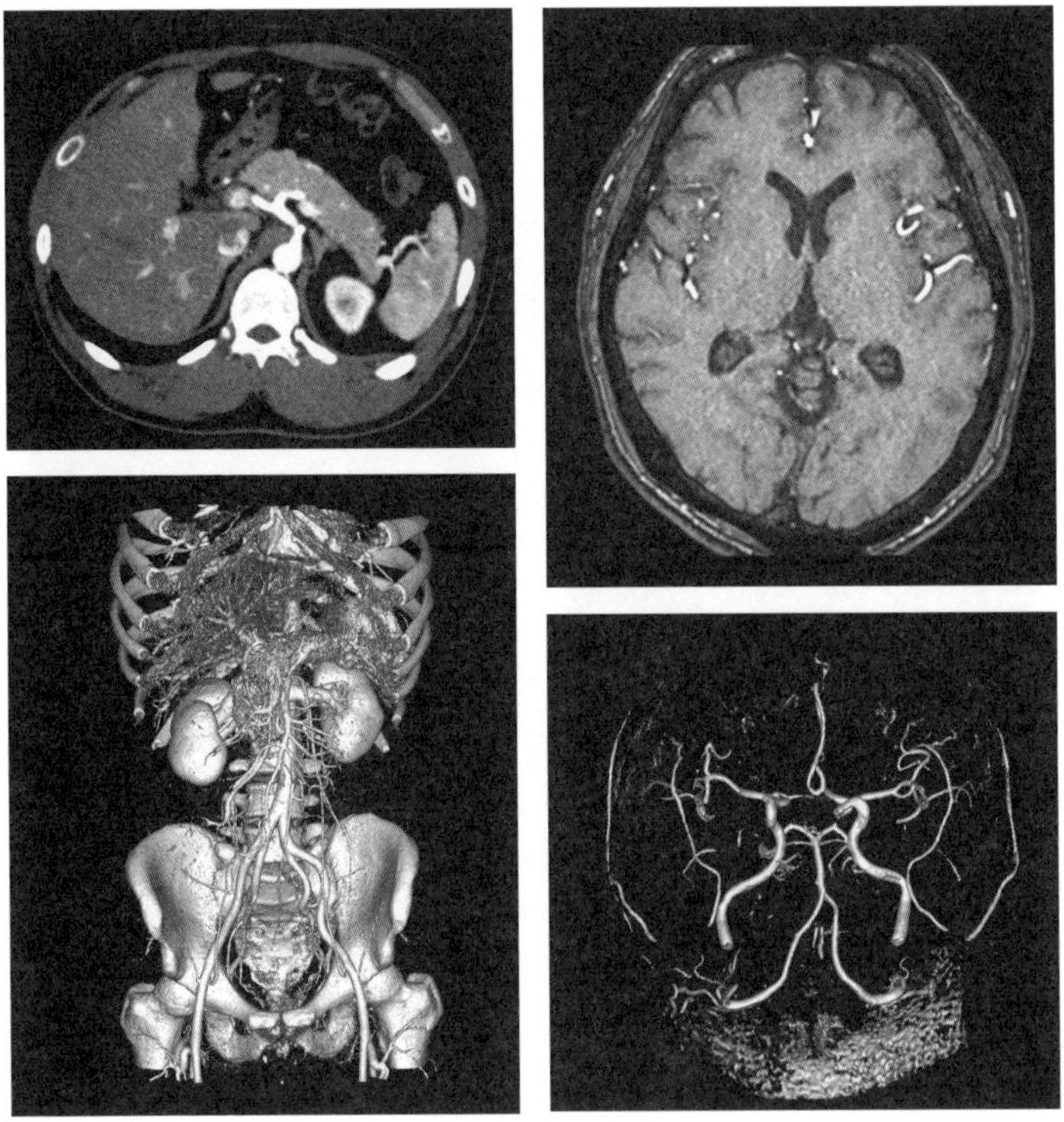

医療現場で混同されてきた「ＶＲ」

読者には医療従事者もいると思うので、医療従事者がおそらく抱いている誤解を解いておきたい。

「ＶＲ」という用語は医療現場では以前から比較的なじみのある言葉だ。

医療ではＣＴやＭＲＩ画像から３Ｄ画像をつくる技術の１つにボリュームレンダリング（volume rendering）と呼んでいるものがある。これを略した「ＶＲ」として広まってしまい、多くの医療従事者もＶＲと呼ぶようになった。

この「ＶＲ」と、仮想現実の「ＶＲ」とを混同している人が多いようだ。本書では３Ｄ画像をつくる作業はボリュームレンダリングとし、仮想現実をＶＲとして使い分けることにしよう。

実は仮想現実という訳語もＶＲの本質を反映していないといわれる。

仮想敵国とか仮想通貨などでいう「仮想」とは意味合いがずいぶん違う。ＶＲとは「感覚を刺激して理工学的に物事の本質をつくり出すこと」だという。もう少しかみ砕くと、「データのなかの３次元空間に自分が存在し、空間と自分との位置関係の整合性がとれ、そ

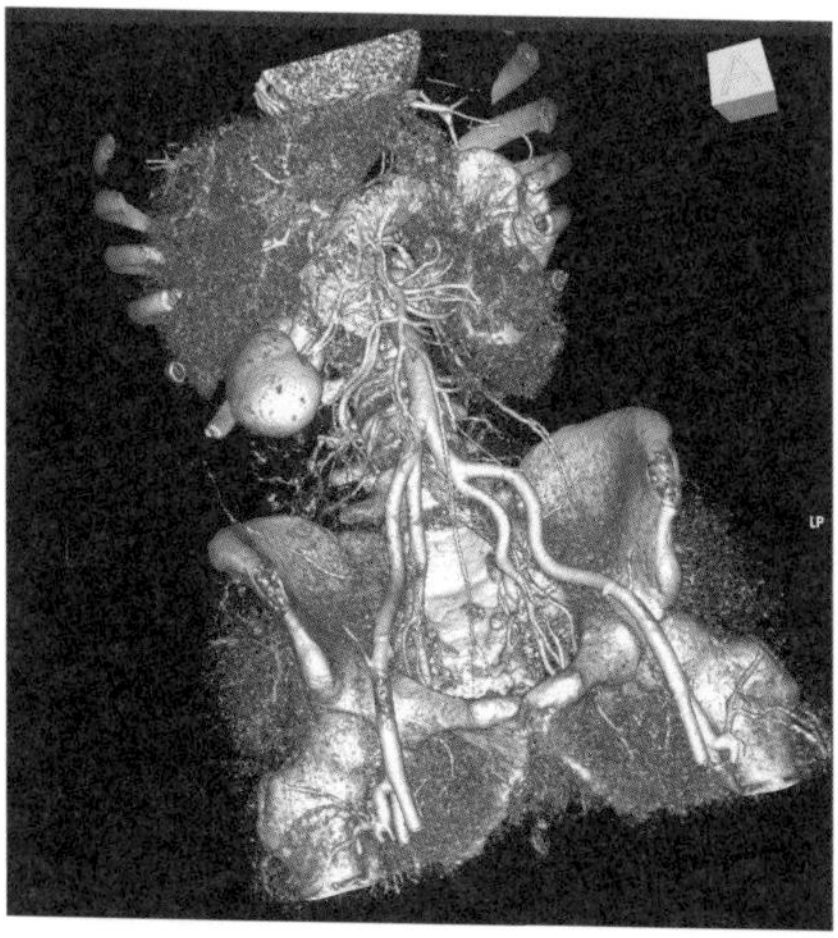

医療現場でVRと呼称していたボリュームレンダリング画像

のなかに自分が没入しているような体験ができるもの」だ。

ここに登場した3つの要素――「3次元の空間性：presence」「実時間の相互作用性：interaction」「自己投射性：autonomy」を満たすものがVRというわけだ。

VRを活用した手術現場

ここで、手術の現場でVR技術を実際にどう活用しているのか、東京都品川区の昭和大学病院で行った手術を紹介しよう。

昭和大学医学部消化器・一般外科教室の青木武士准教授は、親しい友人であり、腹腔鏡手術の名医である。この日、彼の執刀によって行われたのは肝癌の部分切除で、癌や臓器、血流を光らせる色素を使って最小限の領域だけを切除する最先端手術だ。

癌の領域を光らせる色素はインドシアニングリーン（ＩＣＧ）といい、癌周辺の細い血管に針を刺入し直接注入すると、癌を含めた切除すべき肝臓の範囲が黄緑色に光る（ＩＣＧ蛍光法）。これを目安に手術すれば、切除範囲を最小限に抑えることが可能になるというわけだ。

ただ、腹腔鏡手術ならではの困難もある。腹腔鏡手術ではあらかじめ腹部に二酸化炭素を注入し、おなかをふくらませた状態でカメラを挿入する。その後、皮膚の上から針を刺して（穿刺《せんし》）、組織を光らせる薬剤を注入する。ただし、わかるのは腹腔に差し込んだカメラが撮影している限られた方向からの映像のみだ。これを頼りにふくらんだ腹部の皮膚の上から目的の細い血管に針をピンポイントで刺すのがとても難しい。一歩間違えば大量出血を引き起こしてしまう。

そこでＶＲを使い、穿刺をピンポイントで確実に行えないだろうかと青木先生から相談され、私たちの開発したＨｏｌｏｅｙｅｓを紹介した。ＣＴ画像から肝臓を中心にした３Ｄ画像を作成して臨んだ手術には、私も助手として参加した。

透過型ＨＭＤをかぶると、上腹部の皮膚、脂肪層や筋層に相当する余白部分を経て、人体最大の臓器といわれる肝臓が見える。肝臓の中を通る太い血管の門脈、肝動脈、肝静脈、

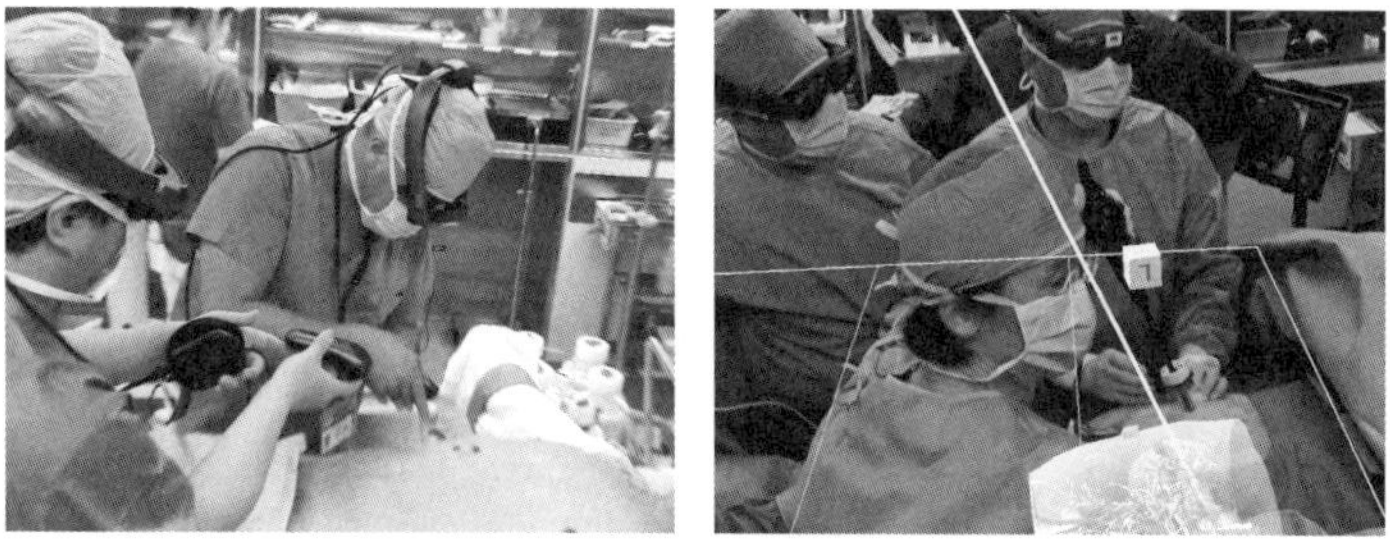

Holoeyesを使って実施された昭和大学医学部の腹腔鏡手術。
バーチャルのガイドラインを描き、穿刺する

それらの血管から複雑に分かれる細い血管もはっきりわかる。

このＶＲ画像を患者の腹部に重ね合わせ、ターゲットである数ミリメートルの細い血管に至る針のガイドラインを正確に描き加える。ガイドラインに沿って穿刺すれば、皮膚の上からでも細い血管に正確に注射針が届くはずだ。

「ホログラムでガイドラインを引きました」

私の言葉を合図にいよいよ本番だ。青木先生が真剣なまなざしで一気に穿刺する。

一発で狙った血管に針が命中。色素を注入する。

「ばっちり、いい感じに染まってきた！」

手術室のスタッフたちからも声が上がる。以前は目的の血管を探して色素を注入するまでに１時間近くかかったこともあるというが、この日は従来の手術よりも格段に短時間で終了した。

ＩＣＧ蛍光法は肝臓だけでなく多くの臓器での利用が注

目されている方法だ。ＶＲ画像をガイドにして色素を注入する方法が確立されれば、より多くの外科医がより安全で正確な低侵襲手術を短時間でストレスなく行えるようになるはずだ。

医療機器としての手術ナビゲーション

カーナビゲーションシステムのように手術をナビゲートする技術の着想はずいぶん以前からある。実際、脳外科や整形外科、耳鼻科などの一部の診療科では、３Ｄモデルで病変や臓器、血管を描出し、それらと手術器具の位置関係をリアルタイムに把握して手術できる「術中ナビゲーションシステム」が開発・製品化され、臨床現場で利用されている。

外科医である私は、医用画像を手術ナビゲーションとして利用する研究を長年続けてきた。患者の腹部にプロジェクタで医用画像を投影したり、滅菌バッグに封入したｉＰａｄで医用画像を表示し、それを参考にして手術したりしたこともある（患者の患部に３Ｄモデルを投影して行う手術は当時、イメージオーバーレイ手術と名付けたが、後にプロジェクションマッピング手術として知られるようになった）。

その研究の延長が、青木先生が使ったＶＲアプリであり、先ほど紹介した、私たちが開

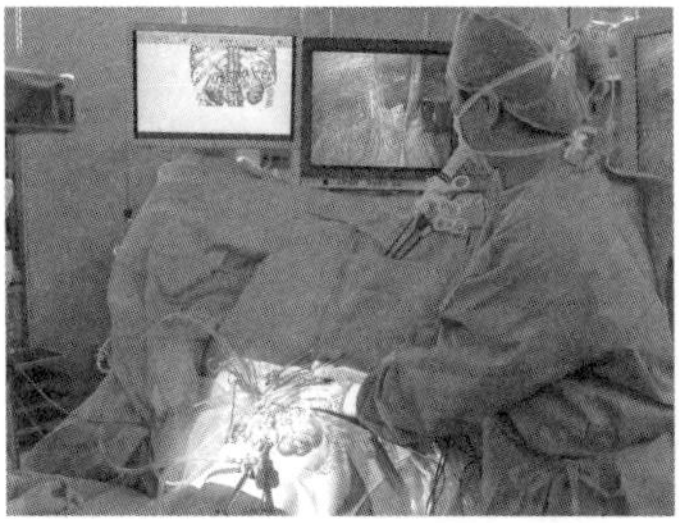

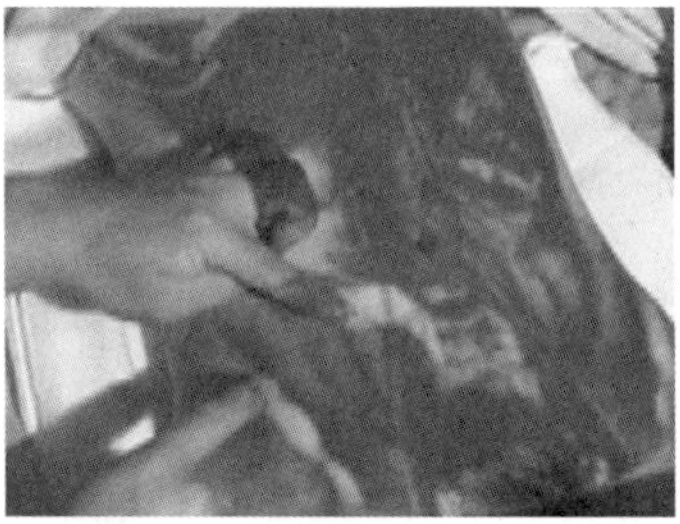

患者の腹部にボリュームレンダリング像をプロジェクタ投影し、
臓器や血管位置を重ね合わせる「Image Overlay Surgery」（2006年）

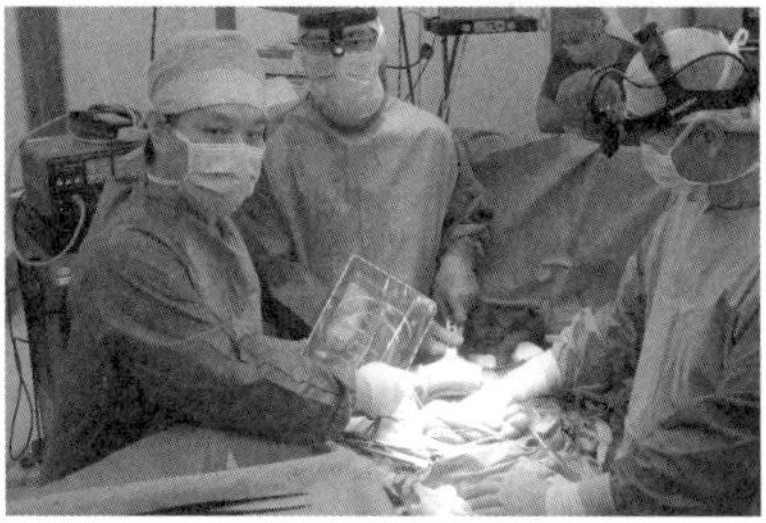

滅菌バッグに入れたiPadを術野付近に置いて手術（2010年）

発・提供しているＨｏｌｏｅｙｅｓだ。

病院からクラウドサーバにアップロードした医用画像のポリゴンデータを、３Ｄモデルに自動変換する時間はわずか10分。手術中でもストレスにならないほどあっという間だ。できあがった３Ｄモデルデータを透過型ＨＭＤで見ると、臓器や血管などを現実世界に重ね合わせて観察できるようになる。

この臓器や血管などの３Ｄモデルを患者本人の腹部に位置合わせすると、皮膚の上から内臓や血管、骨を重畳した状態で透

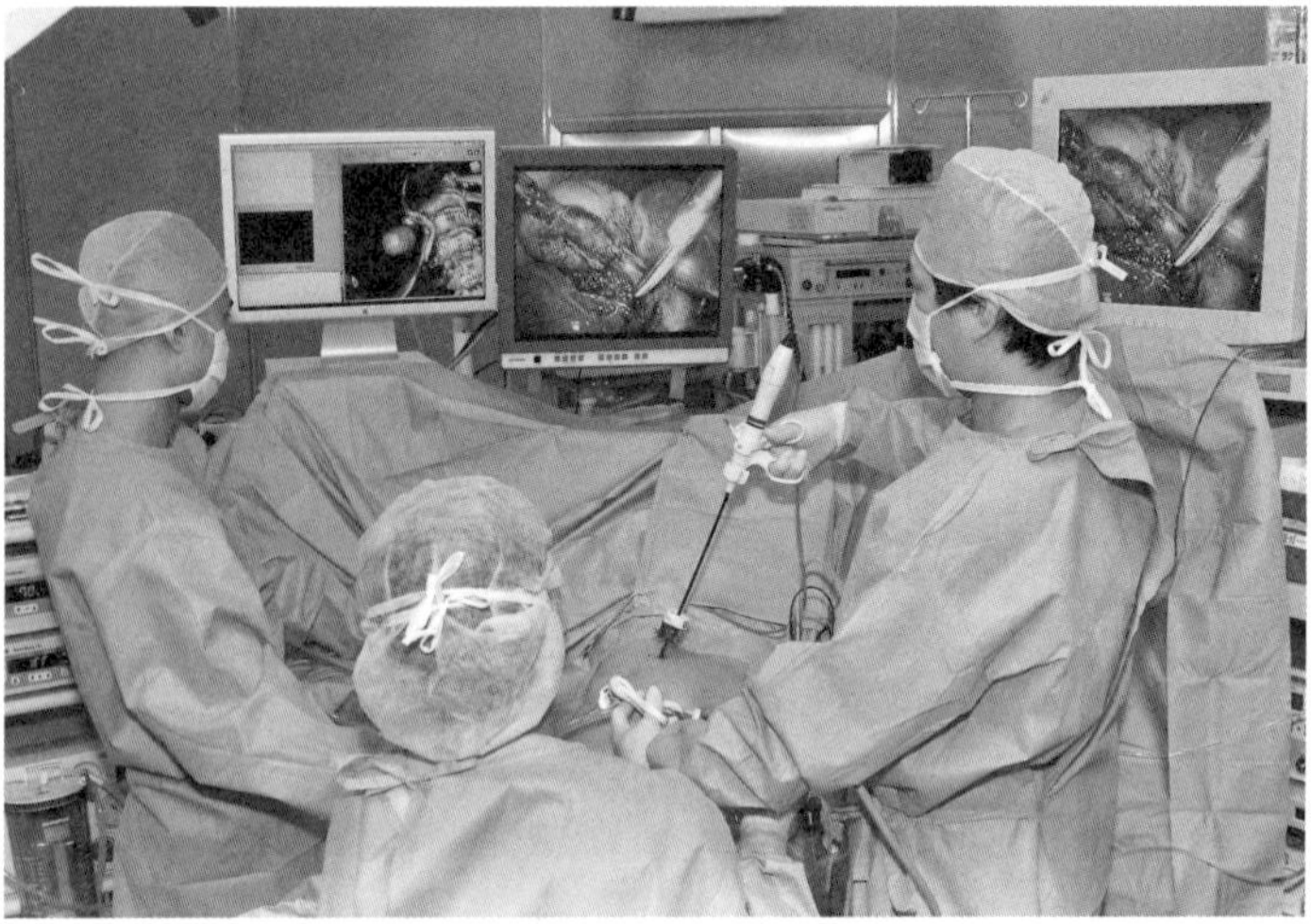

内視鏡と 3D 画像のモニタを見ながら腹腔鏡手術を行う（2005 年）

かせて見ることもできる。

特に威力を発揮するのが、青木先生のような内視鏡外科手術での利用だ。内視鏡外科手術とは術式の総称で、腹部に行われる内視鏡外科手術は腹腔鏡手術、胸部に行われるのは胸腔鏡手術などといわれる。

皮膚を大きく切開せず、数カ所に開けた穴からカメラや手術器具を差し込み、カメラ映像をモニタで見ながら行うこれらの手術は、患者の負担が少ない（低侵襲性）、美容性に優れる（整容性）、癒着などの合併症が少ない、患者の回復が早いなどのメリットがあるので、近年盛んに行われるようになった。

反面、実際の手術器具が動く術野《じゅつや》と

内視鏡のモニタが離れているので手指と眼の協調がとりづらく、熟練を要し、しかも平面モニタなので奥行き感がつかめない、急な出血に対応しづらいなどの難点もある。

カメラ映像が2次元で視野も狭いため、空間認識が欠如し誤認しやすいとか、内視鏡外科手術はまだまだ危ないといわれる領域もある。

カーナビを装備している乗用車でも、時折カーナビの画面と実際に走っている場所が合っているかわからなくなるときがある。その場合、ドライバーは現実の道路上の交通標識や看板、建物を目印にして現在位置を判断しなくてはならない。

HMDが空間認識力を強化する

その点、透過型のHMDではSLAM（simultaneous localization and mapping）という技術を用いて、迷子にならないような工夫がされている。

「自己位置推定と環境地図作成を同時に行う技術」と説明されるSLAMでは、HMDに搭載されている各種センサやカメラを使って周囲の地図を作成し、自分の位置を常時推定している。

この技術のおかげで、患者の腹部上に臓器のホログラムを重畳させたり、細い血管に至る針のガイドラインを正確に描いたりできるのだ。

ＨＭＤを代表して、マイクロソフト社が開発・発売するホログラフィック・ウェアラブル・コンピュータ「ＨｏｌｏＬｅｎｓ ２」について簡単に説明しておこう。

ＭＲを体験できるＨｏｌｏＬｅｎｓ ２は、内部にデプス（深度）センサや赤外線カメラ、位置センサなどが左右対称に搭載されていて、立体をリアルタイムにスキャンできる。常に最新の状態の位置情報を把握しながら、空間の３次元を一瞬でスキャン。どのくらいの空間範囲にデータを表示すればよいかを瞬時に計算し、右目と左目の視差をつけて立体表示する仕組みだ。このスキャンは両手や指も感知できるので、ジェスチャー入力が可能だ。

重量は約５００グラムで、長時間装着しても身体への負担は少ない。バッテリー持続時間は３時間程度、ジェスチャーでスイッチのオン・オフができる。表示されるデータが邪魔ならジェスチャーで消すこともできる。

ＨｏｌｏＬｅｎｓ ２にはＣＰＵ（中央処理装置）や無線ＬＡＮ（Ｗｉ‐Ｆｉ）機能が搭載されており、単体で動作するWindowsパソコンだ。

マイクロソフト社以外のメーカーからは、パソコンやスマートフォンと接続して動作するタイプの透過型ＨＭＤも発売されている。

ここで、ＨＭＤを装着してこれから腹腔鏡手術に臨む医師の一連の行動を再現してみよ

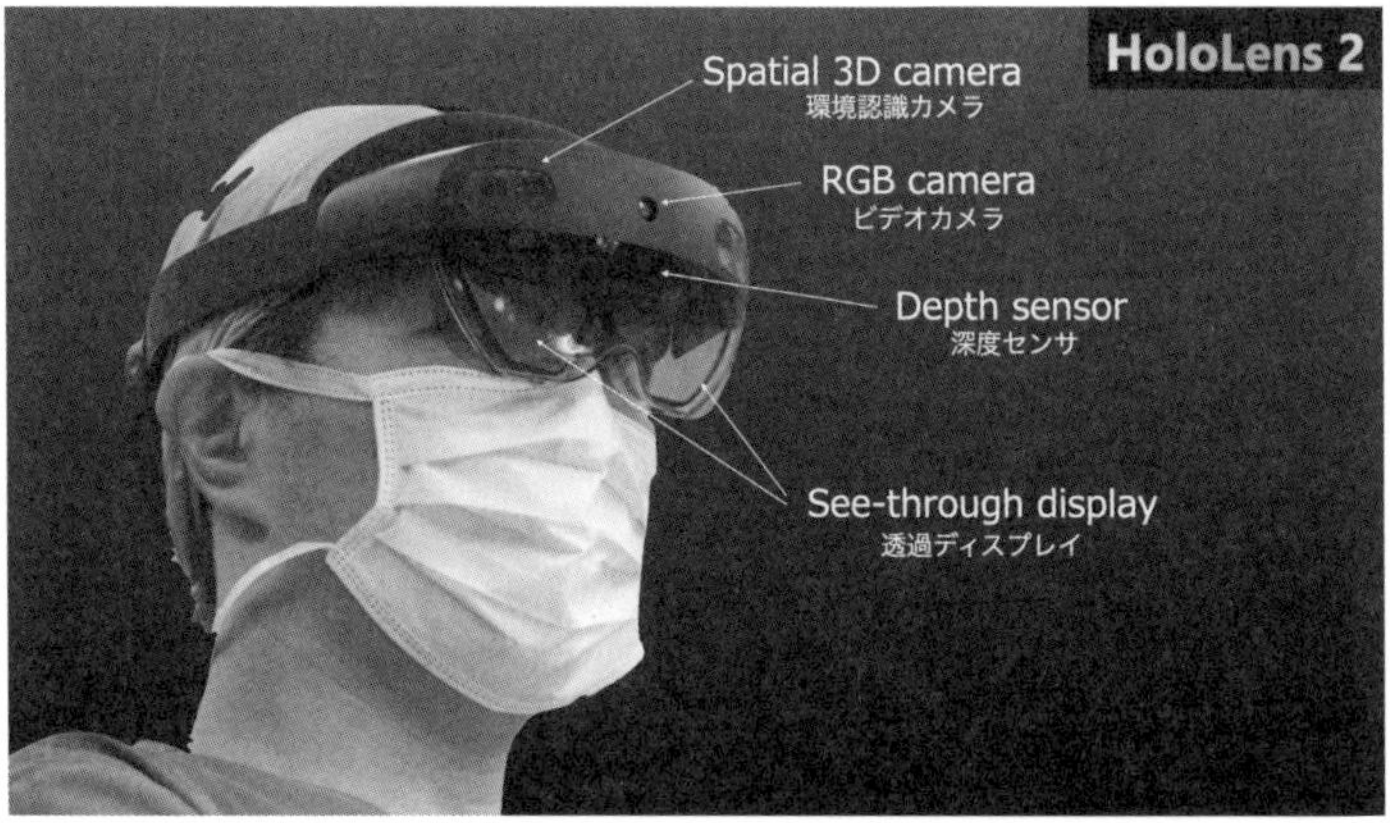

マイクロソフト社の「HoloLens 2」。センサやカメラが組み込まれ、
透明シールドの内側にはホログラムを表示するディスプレイがある

う。

まず、手術室の手洗い場で手洗いしながら、鏡の前に患者の臓器データを表示し、今日行う手術の手順を再確認する。手洗いして滅菌グローブを着けた後は、汚染防止のため何も触れないが、患部の細部をジェスチャーで拡大して特徴を復習する。

手術室に入る。HoloLensのようなHMDでは、装着者同士の位置情報を共有できるので、ほかの外科医と同じ空間の位置に同じ臓器の3Dモデルが見える。

腹腔鏡手術では3Dモデルを患者の腹部に重ねるだけでなく、モニタに映る臓器に重ねて表示することで、モニタには映らない臓器の後ろ側や脂肪で覆われて見えない部分、モニタ表示部分の外側（つまりモニタのフレー

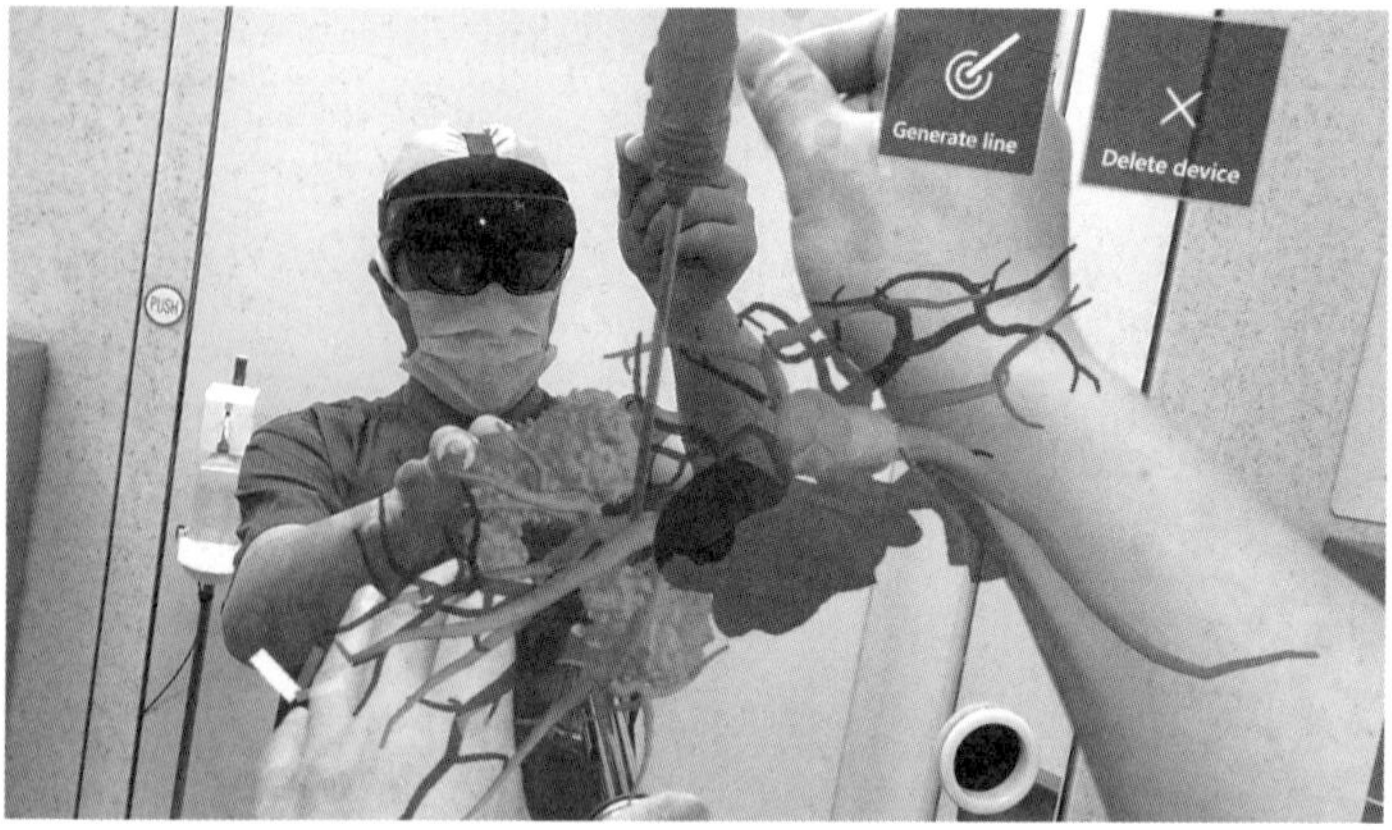

HoloLens 2 を装着したまま手洗いしながら鏡の前で症例の特徴を確認、シミュレーションする

ム外）にある臓器のようすも観察できる。

今日の患者は大腸癌の肝転移症例だ。肝臓のどこまでを部分切除するか、あるいは系統的切除にするか、患者の3Dモデルを空間で共有しながら、ベテラン外科医が若い医師に示しながら手術を進めていく……おおよそそんな手順だ。

Holoeyesには空中に3Dモデルを表示しながら、各臓器のデータ一つひとつの透明度を変えるインターフェイスが実装されている。たとえば動脈へのアプローチでは、目的の動脈だけをくっきり描出し、ほかの血管や臓器を半透明にしたり、臓器の中を巡る血管の走行を確認したいときは、臓器の実質を半透明にして血管が透けて見えるようにしたりする調整が可能だ。

臨床・研究・教育・コミュニケーションに対応したＨｏｌｏｅｙｅｓサービス

ＶＲを活用した手術というと、いまだ実験的なレベルだと思っている人もいるかもしれない。

実は、私たちが開発した医用ＶＲサービスＨｏｌｏｅｙｅｓには、「Ｈｏｌｏｅｙｅｓ ＸＲ」と「Ｈｏｌｏｅｙｅｓ ＭＤ」という2種類のサービスがある。

後者のＨｏｌｏｅｙｅｓ ＭＤは医療機器として開発し、疾病の診断や治療に利用でき、薬機法（医薬品、医療機器等の品質、有効性及び安全性の確保等に関する法律）で認証されている。ＭＤというのはメディカルデバイス（medical device）とメディカルドクターをかけて名付けた。

前者のＨｏｌｏｅｙｅｓ ＸＲは教育や研究、カンファレンスや患者説明などのコミュニケーションツールとして開発・発売しているもので、薬機法上の制約を受けることなく多くの施設で利用されている。

Ｈｏｌｏｅｙｅｓ ＸＲ、Ｈｏｌｏｅｙｅｓ ＭＤとも、提供するのは3Ｄモデル提示サービスで、安価に市販されているＨＭＤが利用できる。マイクロソフト社のＨｏｌｏＬｅｎｓ 2やフェイスブック社が発売する「Ｏｃｕｌｕｓ Ｑｕｅｓｔ ２」など、専用のＶＲアプリを実行できるＨＭＤを利用者が購入して用意する。従来の医療機器のように専用のハードウェアや難解なマニュアルも必要としない。

両サービスの概要や仕組みを詳しく説明しよう。

画像診断を身近にしたＨｏｌｏｅｙｅｓ ＸＲ

Ｈｏｌｏｅｙｅｓ ＸＲは、ＶＲを医用画像に活用し、手術計画や患者説明、医療教育として利用するサービスだ。患者のＣＴやＭＲＩ画像を、ゲームのＶＲアプリのように体験したり観察したりできる。ＩＴが得意でない医師でも緊急の現場で簡単に利用できるように、クラウドサーバ上で３Ｄモデル化し、すぐにＨＭＤで見られるようにした。

より多くの医師や医療従事者が利用できるように、すべてクラウドサービスで１症例約１万円から、年間無制限のサブスクリプション（定額利用）契約も提供している。ＶＲゴーグルはゲーム用の市販品がそのまま利用できる。

このビジネスモデルは初期投資が少ないため、病院側も導入しやすい。日常の診療でＣＴやＭＲＩで診断している疾患や臓器であれば、あらゆる疾患にＶＲ体験による診療は

Holoeyes XRの仕組みとサービス利用の流れ

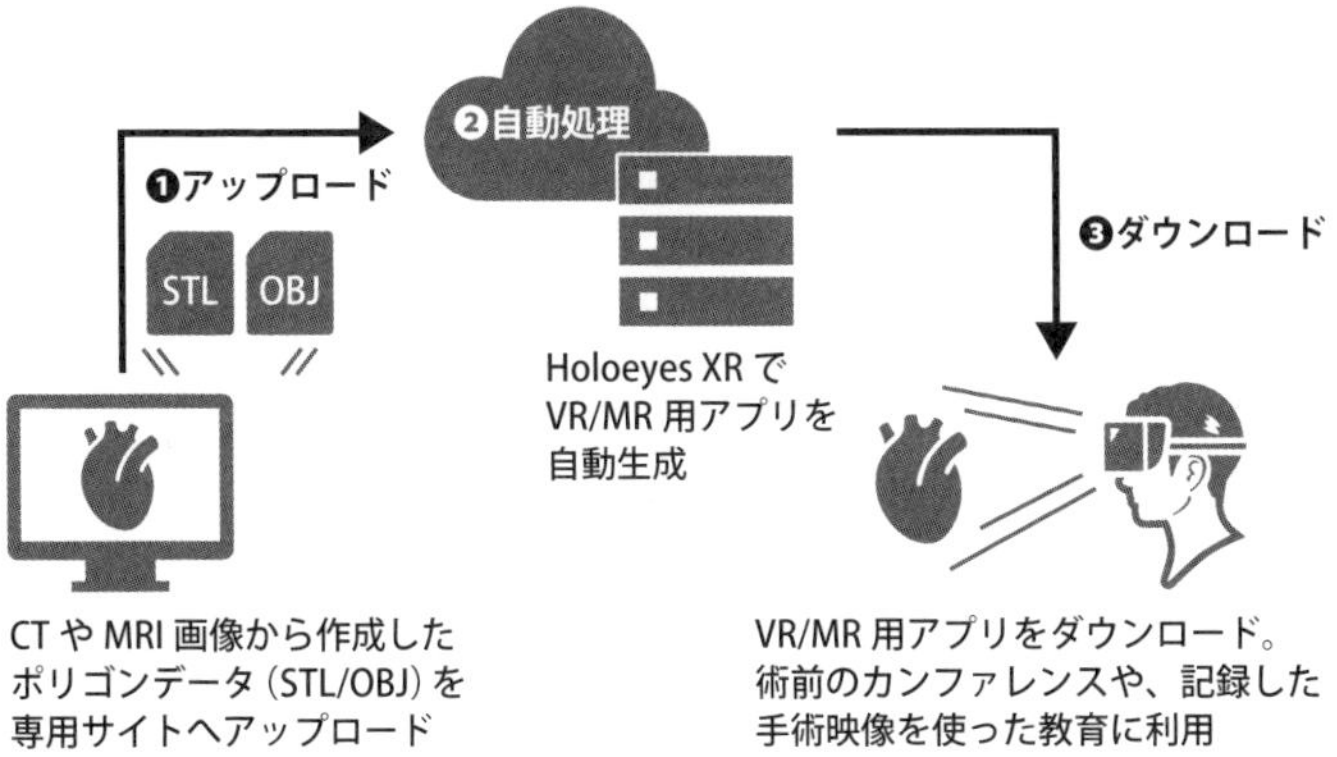

❶アップロード
STL
OBJ
❷自動処理
Holoeyes XR で
VR/MR 用アプリを
自動生成
❸ダウンロード
CT や MRI 画像から作成した
ポリゴンデータ（STL/OBJ）を
専用サイトへアップロード
VR/MR 用アプリをダウンロード。
術前のカンファレンスや、記録した
手術映像を使った教育に利用

Holoeyes XRのサービス内容と料金体系

サービス名		年間フリー	月間フリー	1ケース
料金（税別）		710,000円（年額）	69,000円（月額）	10,000円
利用可能回数		ケース無制限	ケース無制限	1ケース～
対象者		コンスタントに週1～2回使いたい	短期的にたくさん使いたい	まずはサービスを試してみたい
サービス詳細	サンプルデータWeb閲覧	○	○	○
	症例ポリゴンデータのVR/MRアプリ化	○	○	○
	ケース有効期間内データ保存	○	○	○
	ケース有効期間	契約期間中（契約初月無料）	契約期間中（契約初月無料）	12カ月（契約日翌月1日から起算）
	各種マニュアル提供	○	○	○
	ユーザーグループ招待	○	○	○
	自動更新（都度契約必要なし）	○	○	×
	クレジット対応	×	×	○
ハードウェア販売代理＆導入支援（別料金）		ハードウェア販売代理、必須ソフトインストール済み状態での導入までをサポート（認定パートナーによる対応）		

対応できる。

サービスを利用しているある医師は、「患者個別の病気の様子が手にとるようにわかるので、正確な手術計画が立てられ、手術前の不安や精神的ストレスの軽減に繋がる」と言っている。さらにこのシステムでは同じＶＲデータを教育にも利用できるため、医学生でも実際の患者のイメージがつきやすいという利点がある。病院側からも、ＶＲが医師や医療従事者のモチベーションを高め、生産性が向上したと高評価だ。

医療機器のＨｏｌｏｅｙｅｓ ＭＤ

Ｈｏｌｏｅｙｅｓ ＭＤのほうは、「疾病診断用プログラム　管理医療機器 汎用画像診断装置ワークステーション用プログラム」というカテゴリーに保険収載されている医療機器プログラムである。

医療機器や医薬品の品目仕様、使用上の注意などの製品情報の記載と添付が義務づけられている添付文書では、Ｈｏｌｏｅｙｅｓ ＭＤを次のように説明している。

図中の「本プログラム」がＨｏｌｏｅｙｅｓ ＭＤ本体のことで、要は画像診断装置などから出力された３Ｄデータを表示するＶＲアプリだ。「汎用ＩＴ機器等」はＶＲアプリを実行

「医療用画像処理ソフトウェアHoloeyes MD」の添付文書（抜粋）

【形状・構造及び原理等】

〈形状・構造〉

本プログラムは、画像診断装置で得られた画像情報をコンピュータ処理し、診療のために提供するプログラムである。自動診断は行わない。画像表示を行う標準機能の他、三次元画像処理を行うオプション機能がある。

本プログラムは汎用 IT 機器等にインストールして使用され、ダウンロードで提供される。

〈動作原理〉

画像診断装置または画像診断装置で撮影された画像情報を保管しているサーバから画像を受信し、診療のために表示する。

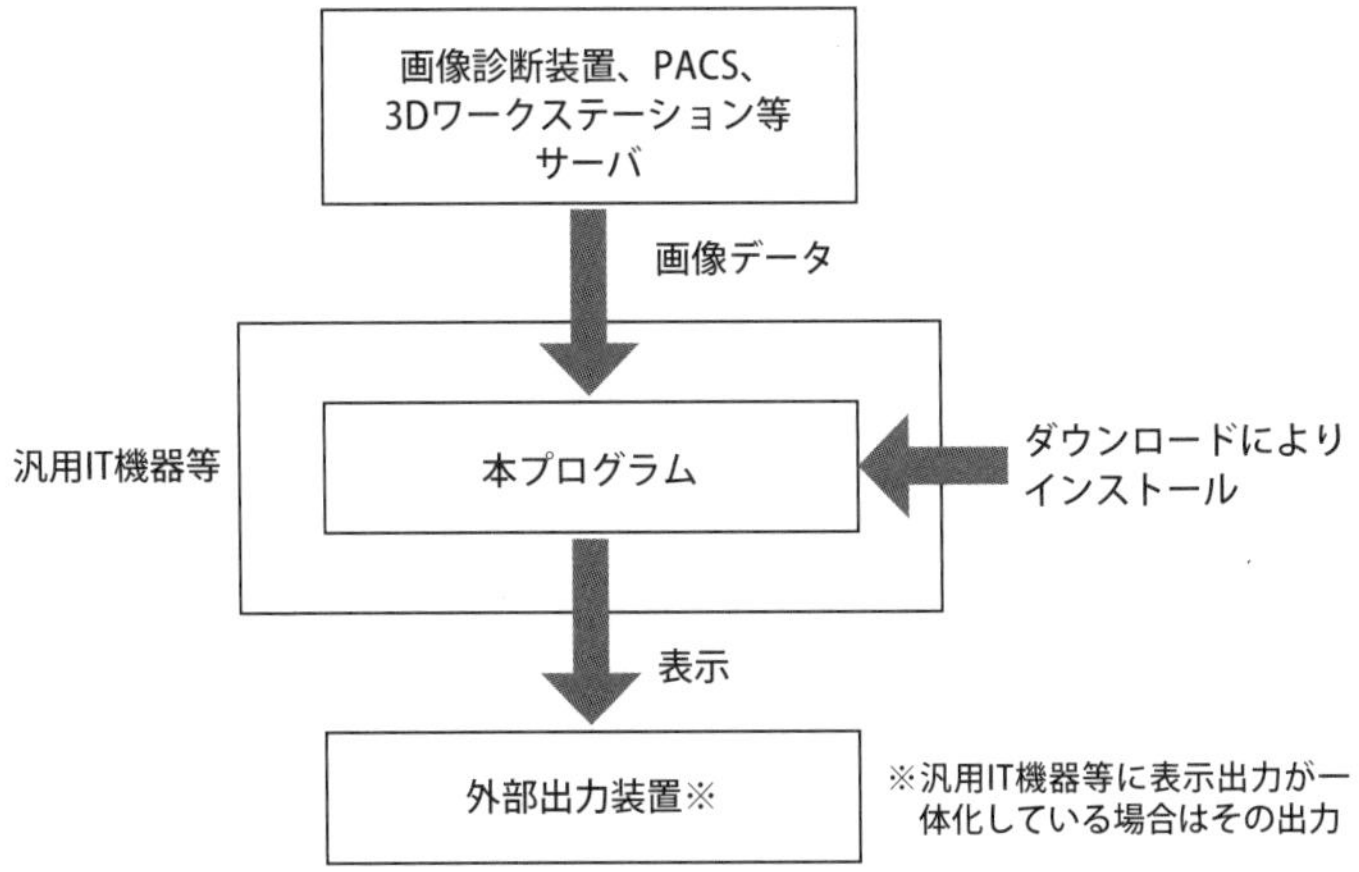

〈付帯機能〉

項目	機能
三次元画像処理機能	一連の画像データを三次元画像処理し、表示する機能。

【使用目的又は効果】

画像診断装置等から提供された人体の画像情報をコンピュータ処理し、処理後の画像情報を診療のために提供する。本品は、自動診断機能は有さない。

するパソコンやＨｏｌｏＬｅｎｓ ２のような単体で動作する「外部出力装置」がＨＭＤである。薬機法で承認された「画像診断装置、ＰＡＣＳ、３Ｄワークステーション等サーバ」が書き出したポリゴンデータをクラウドサーバにアップロード、自動処理された３Ｄデータをダウンロードして Ｈｏｌｏｅｙｅｓ ＭＤで実行し、ＨＭＤで見る手順はＨｏｌｏｅｙｅｓ ＸＲと同じだ。

３Ｄモデルを半透明にして重畳表示するには、すでに市販されている、先ほど紹介したマイクロソフト社の「ＨｏｌｏＬｅｎｓ ２」、マジックリープ社が開発しＮＴＴドコモが国内販売する「Ｍａｇｉｃ Ｌｅａｐ １」といった透過型ＨＭＤが利用できる。

導入を希望する医療施設はＨｏｌｏｅｙｅｓ社に問い合わせた後に医療施設でのデモンストレーションを行う。導入が決まったら、ＨＭＤを何種類か試し、用途に合った製品を別途購入することで、すぐにでもＶＲ体験を始めることができる。

医用画像の個人情報に対する配慮

患者のエックス線画像をクラウドサーバに送信し、第三者の手で加工されるという点に、個人情報保護法上の懸念をもつ人がいるかもしれない。たしかに医療では患者のデータを使うことになるので個人情報保護が1つの壁になる。

HoloeyesXRでは個人にひも付けされた医用画像データを3Dデータ化する際に匿名化している。エックス線の画像は個人情報だが、それをポリゴンという座標データに置き換えた時点で個人とはひも付けできない状態にすることで、個人情報でなくなるのだ。すでに個人情報保護委員会から運用のアドバイスをもらっている。

個人情報のひも付けが解除されていれば、医療施設はポリゴンデータを蓄積しておき、人体モデルのデータベース構築に活用できる。それを患者説明や教材、経験の浅い医師のトレーニングに使ってよい。

データを合成して、たとえばある患者の肝臓のCTに、別の患者のCTからつくった癌を合成すると、新しい症例データがつくれる。それに対して新しい手術方法を開発するといった活用も可能になる。

Holoeyesでは、執刀医の動きを記録・加工し、データとして販売する計画もある。CT画像からつくった3Dモデルと、医師がどう判断したかという認知、治療の際の手の動き、これらのデータをセットで提供する構想もある。

実際の患者では試せない新しい手術機器の開発も、仮想空間で行えば患者にフィットした形にデザインできるようになる。こうした手法をデジタルツインと呼ぶ。

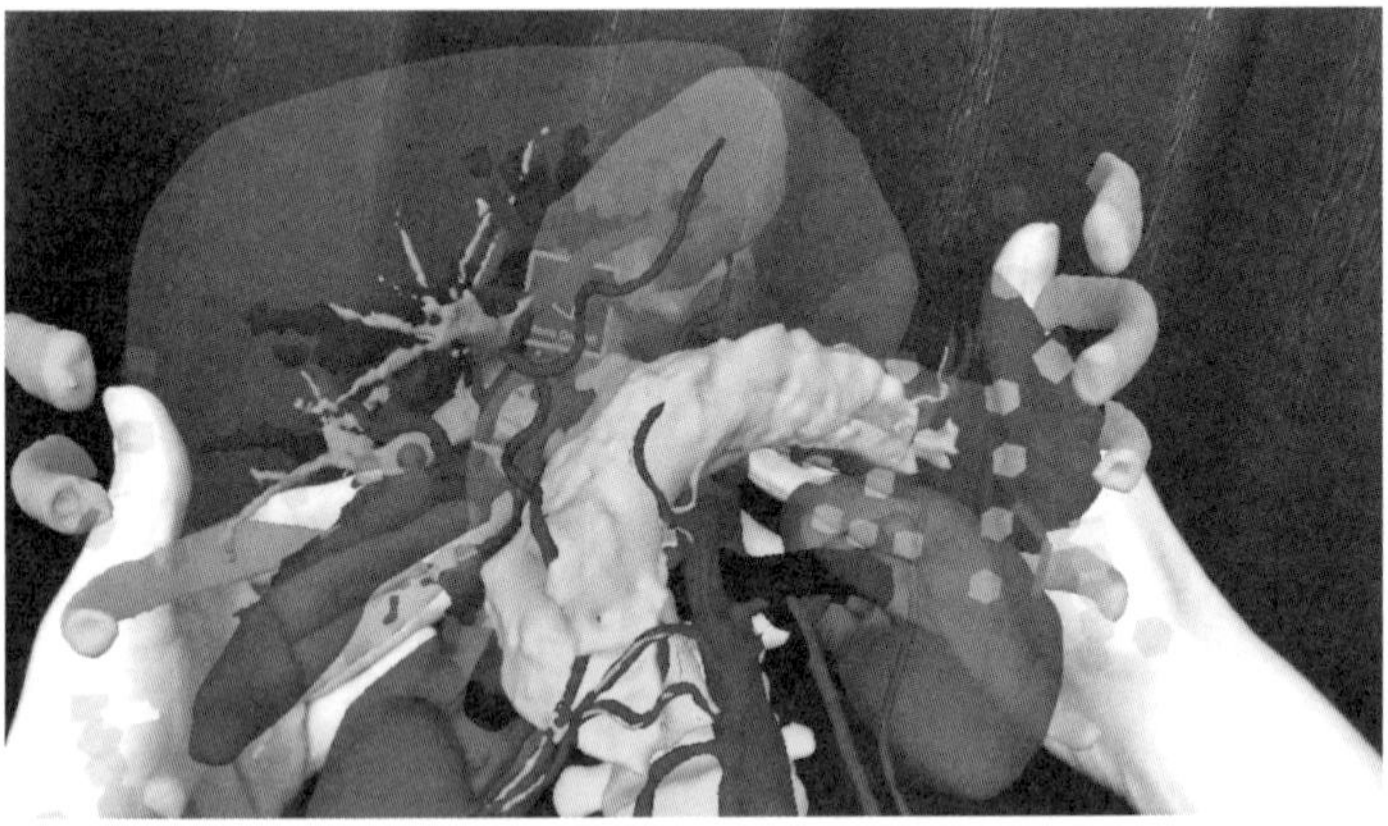

記録されたホログラム上の手をトレースして手技を学ぶ

患者のデータを使い、仮想空間に現実と双子のようなコピーの臓器を再現し、それを使って手術機器をデザイン、開発することで臨床現場にフィードバックできる。医療機器メーカーもこの可能性に注目している。

研修医や医学生教育での活用

Ｈｏｌｏｅｙｅｓを活用した手術の例をもう１つ紹介したい。

東京歯科大学水道橋病院では、同院院長・口腔病態外科学講座の片倉朗教授のもとで、大学のブランディング事業の研究として、私も協力しているプロジェクトで、口腔外科手術支援、ＶＲカンファレンスなどにＨｏｌｏｅｙｅｓシステムを活用している。

水道橋病院で行われる顎矯正手術は、歯列矯正などの手技と、骨の３次元的な動きを患者別に理解して行う必要がある手術なのだが、術前にシミュレーションしたとおりに手術を施行できているかを、術中に確認する方法がないのが課題だったという。解決手段としてプロジェクションマッピングを利用したこともあるが、２次元的な動きの確認にとどまっていたそうだ。

私も助手を務めた手術では、術前のＣＴ画像から作成した骨のポリゴンデータと、手術シミュレーションした骨切り線と理想の完成像をＨｏｌｏＬｅｎｓで同時に表示させることで、複雑な立体の位置関係を把握できるようにした。

手術中には、ＨｏｌｏＬｅｎｓを装着した術者が術野とＡＲマーカーを重畳してマーカーとの一致を確認。「手術を正しく行えていることが即座にわかった」と、同講座の小谷地雅秀助教は話してくれた。ベテランの術者でないと難しい血管位置の想定も、顎骨の後方や内側を走行する血管束を可視化し、注意を要する部位を事前にチェックすることで、血管の位置が一目瞭然でわかるようになったという。

手術中には、骨のカッティングガイドのマーカーを３Ｄモデルと組み合わせて術野上で提示する、まったく新しい取り組みにも挑戦した。ＨｏｌｏＬｅｎｓを装着した複数のスタッフらが同時にマーカーを確認してカッティングガイドを認識、共有するようすが見ら

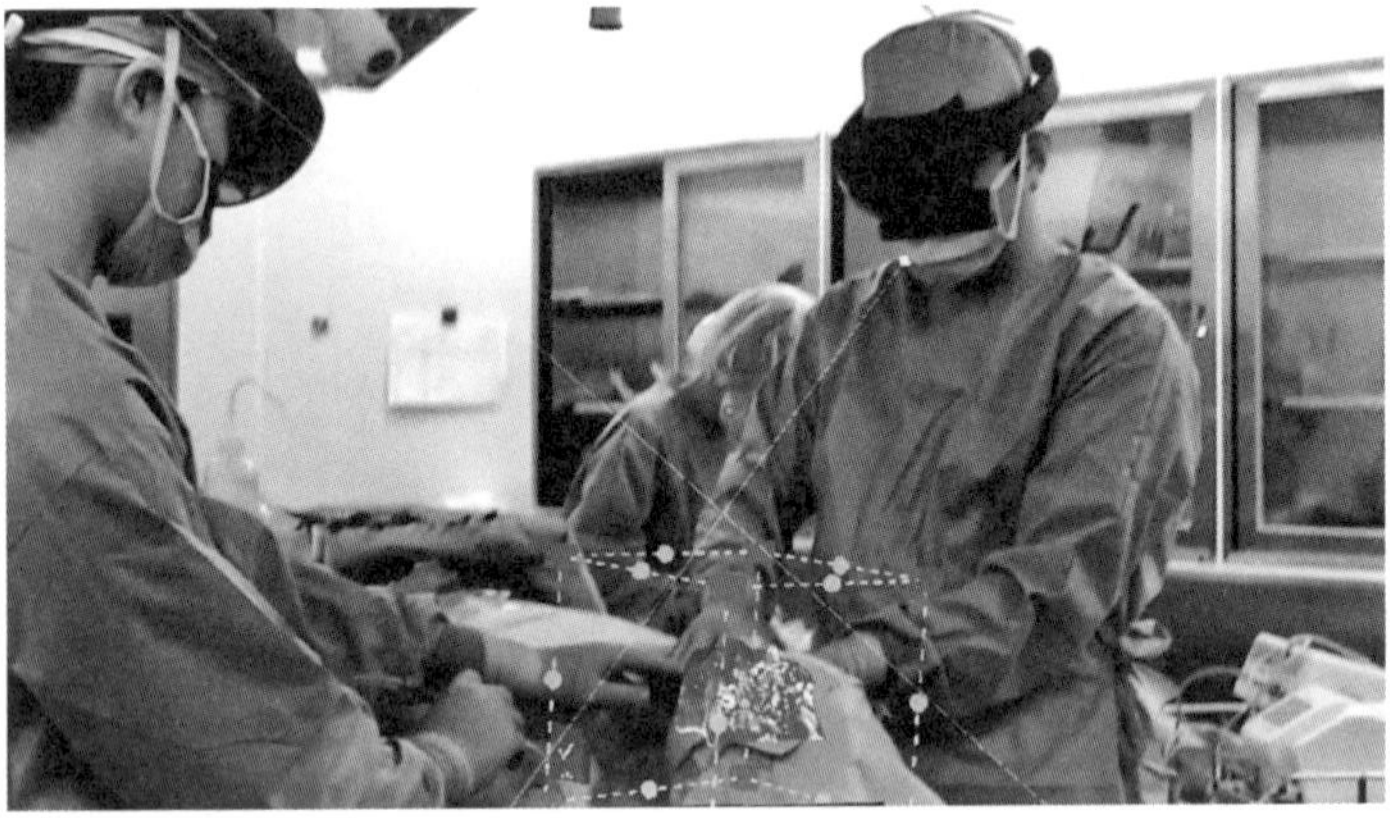

マーキングした頭蓋骨や下顎骨のホログラムを患者の下顎に重ね合わせる
（東京歯科大学水道橋病院）

れた。

小谷地先生によれば、術前カンファレンスでは、実際の患者の骨と手術のガイドを空中に表示し、バーチャルオペレーションとして複数人で共有できたことも大いに役立ったという。特に、視野が狭く難度が高い下顎骨形成術も、ＨｏｌｏｅｙｅｓＭＤを活用した事前シミュレーションによって習熟度の異なる歯科医師がそれぞれの空間認識力を向上でき、安心して臨めるようになったと効果を語っている。

水道橋病院では、研修医教育でＶＲによる学習効果を測る興味深い比較実験も行っている。

同じ患者のＣＴ画像をボリュームレンダリングし、プロジェクタで投影したグループと、

お互い位置を共有した没入型HMDを使って頭頸部解剖をレクチャーする
（東京歯科大学水道橋病院）

3DモデルをHMDで閲覧するVRグループの2種類に分け、それぞれに解剖や手術手技を解説。知識の定着度を確かめる実験だ。講義の後、歯科医師国家試験と同様の筆記試験を行って成績を比較したところ、VRグループのほうが正答率が高い結果が得られたという。

VRグループに参加した研修医からは、「VRを使うと患者の実際の解剖の大きさや位置を、仮想空間で歩き回って体験できたため、より立体的に理解できた」との感想が、一方、プロジェクタグループの研修医にはテスト後にVRを体験してもらったところ「これなら解けなかった問題も正解できたと思う」との声が聞かれたという。

比較実験を通して学習効果を分析した小谷

地先生は、「研修医や学生が実践的な教育を通じ、患者の高いニーズに応えられる専門的な診療を学ぶには、Ｈｏｌｏｅｙｅｓ ＭＤは最適といえると思います」と話してくれた彼はこのＨｏｌｏｅｙｅｓを活用した英文論文報告で博士の学位を見事に取得した。

ＶＲ手術はもはや特別ではない

ＶＲ手術は、流行を取り込んだだけのものではない。医用ＶＲサービスは現在、国内外で１２０以上の施設で導入され、利用された症例数は１０００を超えている。

ＮＴＴ東日本関東病院の泌尿器科のように、ほぼ毎週のペースでＶＲ手術をしている医療施設もある。同院の志賀淑之泌尿器科部長は前立腺癌、腎癌の開腹手術や腹腔鏡手術、ロボット支援手術などを幅広くこなすエキスパートだが、術式を問わずＶＲを活用している。

手術中の利用だけでなく、術前の手術計画、術後カンファレンス、研修医の教育、遠隔地の医師同士のカンファレンスでもＶＲは活躍している。最近ではアラブ首長国連邦（ＵＡＥ）のドバイで手術を行っている医師とＮＴＴ東日本関東病院の医師らが８０００㎞の距離を越えて、Ｈｏｌｏｅｙｅｓを使ってバーチャルセッションを行い、国際的な専門的

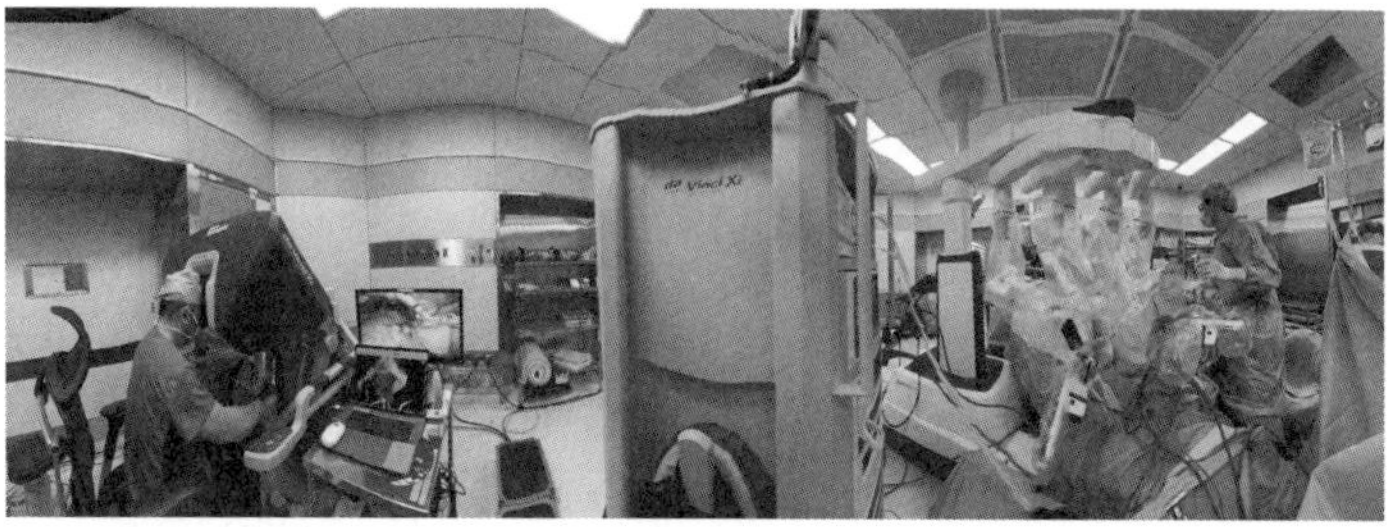

NTT 東日本関東病院泌尿器科の志賀先生によるロボット（da Vinci）支援手術でも
Holoeyes が活躍している

意見交換をした。

手術前麻酔の腰椎《ようつい》穿刺でもＶＲは有効だ。脊椎《せきつい》麻酔など、臨床では多く行われる手技だが、患者によって個人差があり、難易度も違う。ベテランとそうでない医師との技量の差が如実に出る手技でもある。腰椎を手で探り、椎骨と椎骨の間から靭帯を一発で貫くにはコツがいる。穿刺に失敗して何度かやり直す場面は決して珍しくない。

Ｈｏｌｏｅｙｅｓ　ＭＤで患者の背骨の３Ｄデータを見ながら腰椎穿刺を試してもらったところ、ある医師は「今までやった穿刺のなかで最も早く一発でできた」と感想をもらした。医師は安心感と確実な結果が得られ、患者にとっても安心感があって、何より苦痛が少なくて済むのはありがたいことだ。

若手医師への腰椎穿刺の指導では手技を見せることが中心になってしまい、うまい指導方法がないことに悩んでいたある麻酔科医は、ＶＲの仮想ガイドラインに沿った腰椎

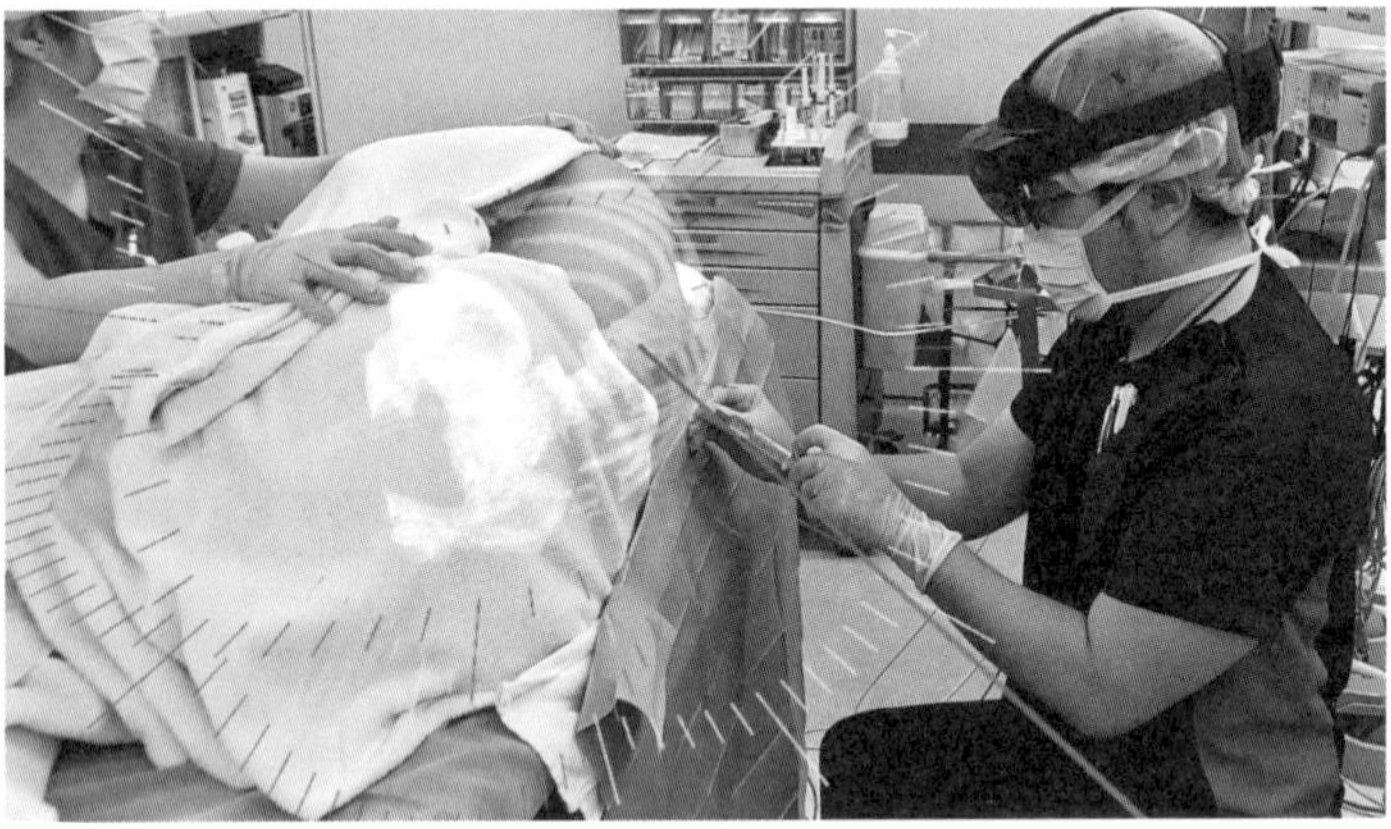

ホログラムをガイドとして利用して脊椎麻酔する

穿刺が指導に利用できることに着目。経験を重ねて培ってきたコツを視覚化して教えられるうえ、指導医も透過型HMDをかぶれば若手医師の手技の評価も視覚的にできると、高く評価してくれている。

バーチャルとリアルはすでにその境界線がなくなりつつある。新型コロナウイルス感染症（COVID－19）流行拡大下（コロナ禍）でのリモートやオンライン会議、キャッシュレスや仮想通貨。もはやどれがバーチャルかという議論は無用だ。つまり物と人が繋がりやすい時代がすでに始まっているのだ。

第2章

クリエイティブで人間が好きな外科医を目指して

真っ直ぐな大樹のように

真樹は「マキ」と読む。

1971年1月15日に生まれたときは小柄で色白。父方の祖父が考えた名前「鉄男」は、両親にはどうしても不似合いに思われたようで、名字の「杉本」にマッチする語感の名前がいいと思案したらしい。

杉の木は真っ直ぐ生える針葉樹だ。その葉も針状で直線的。真っ直ぐな樹木のように、素直に、しかも大地に根をしっかり張った人間。そこで「マキ」としたのだという。

2音節と短くて外国人も覚えやすい。米国のアップル本社を2008年に訪問した際は、いい名前だとほめられることも多かった……「Mac＋i」だから、と。事実、アップルのデスクトップパソコン「iMac」の製品名候補には「Mac－i」も挙がっていたとか。

ほかにも「MACMAN」という候補もあって、ソニーの大ファンだったアップル創業者のスティーブ・ジョブズが、ソニー製ポータブルオーディオプレーヤーの「ウォークマン（WALKMAN）」にあやかって考案した、という話も当時アップル社の関係者から聞いた。

帝釈天で産湯を使い……

両親とも東北の出で、2人は東京都葛飾区柴又に小さな一軒家を建て、家庭を築いた。葛飾区柴又といえば柴又帝釈天（正式名称は経栄山題経寺）が有名で、映画『男はつらいよ』シリーズの主人公である車寅次郎（寅さん）ゆかりの地でもある。私の幼稚園はこの帝釈天付属で、私も『男はつらいよ』にエキストラとして出ているらしいが、よく覚えていない。

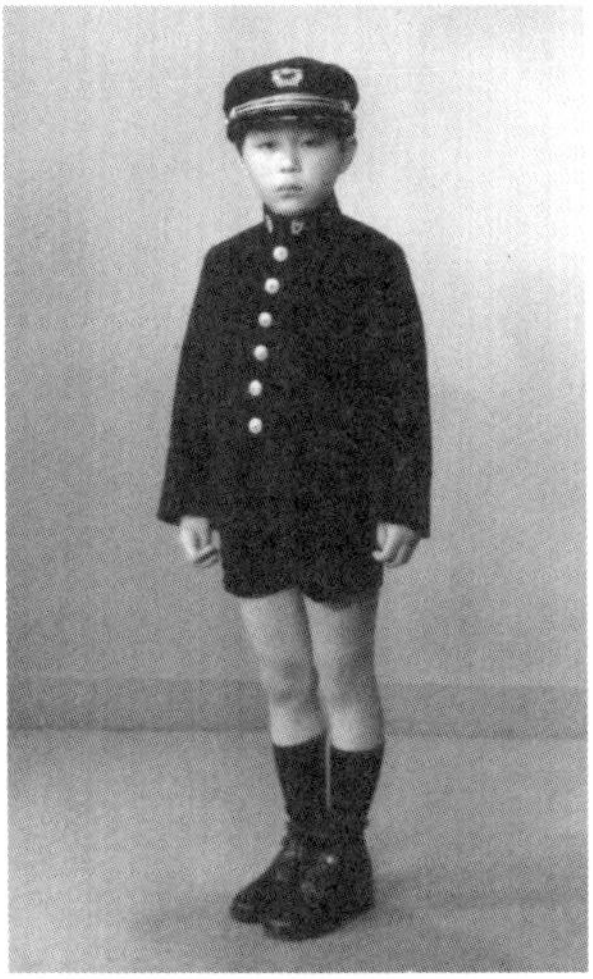

暁星小学校時代の学帽制服姿

毎週末、両親と遊んだ近所の江戸川の土手は草木が生い茂る格好の遊び場で、未舗装の道路も多く、江戸川にかかる橋も今よりずっと少なかった。習い事への行き帰り、母親の自転車の後ろに乗せてもらい掛け算九九を復唱した。そんな田畑が一面に広がる東京の郊外を風景に、やんちゃな男の子として育った。

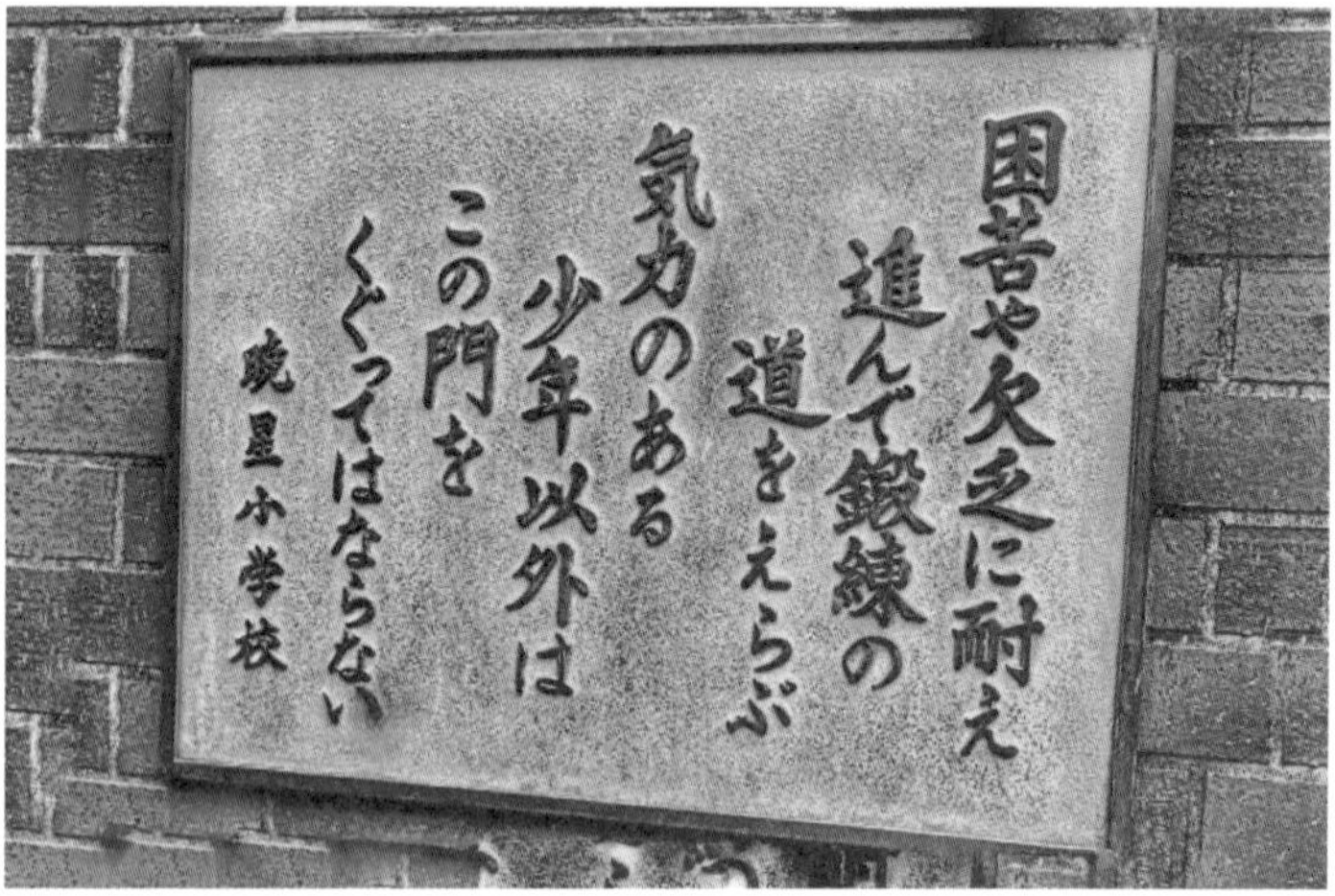

暁星小学校の正門にある教え

学齢期になると暁星学園が運営する暁星小学校に入学する。暁星学園といえば男子のみの幼小中高一貫教育、いわゆる「お坊ちゃん学校」で、ミッションスクール（カトリック）だ。

暁星小学校の正門には「困苦や欠乏に耐え進んで鍛練の道をえらぶ気力のある少年以外はこの門をくぐってはならない」と刻まれている。今でも私の座右の銘の1つだ。入学初日から毎日この言葉を暗唱するうち、「鍛練は乗り越えれば楽しくなる。楽しめるまで続ければ、困苦や欠乏は気にならない」と自分なりに想うようにもなった。

公文式学習がひらめきを教えてくれた

父母とも教育熱心ではあった。ピアノ、そろばん、書道、絵画、英会話、水泳と、近所にある習い事はひととおりこなした。

なかでも私自身が熱心に取り組んだのは公文式学習塾だ。当時の公文は算数・数学が中心で、自学自習プリントをひたすら解かせるというもの。2歳上の姉の影響で私も通い始めたところ、算数への興味がわき、スピード重視で量をこなし、コツをつかんで正確性を高めていきながら問題を解く公文式メソッドにすっかりハマってしまったのだった。

公文は単元をクリアすれば、学年別の履修範囲にとらわれずどんどん先の学年用の単元に進める。先の単元まで進むと、今まで苦労して解いていた問題にはよりスマートな解法や公式があり、それらを駆使することで簡単に解けてしまうことがわかってくる。知っているのと知らないのとではこれほど違うのか！　知っている事実を組み合わせて未知の問題に取り組むプロセスのおもしろさに夢中になった。

実はそのカギは「ひらめき」である。ひらめきは連鎖し、アイデアを次々と生んでくれる。今の私の頭の中は、このとき公文が教えてくれた「ひらめく脳」が核になっているんじゃないかと思っている。

速さと正確さを両立するには

学習が進めば先生がほめてくれる。公文では学習進度はランキング表示され、高進度学習者は表彰される。ゴールが明白で、賞賛が与えられ、学校の成績にも反映する。これが子ども心にも心地よいものだったのだ。

1人で大量の問題をひたすら解くのが公文のスタイルだが、教室では問題に取り組む生徒たちに対して先生が「速く速く、あと30秒!」などとあおるのだ。当初は「ミスがあっても速く」とばかりにスピードアップするものの、じきに結果がバツではだめだと気づく。スピードと正確性を両立させるには、個々の問題に共通している解法パターンに気づくことが重要だ。さらに洗練し、効率を考えることで、もっとよい方法が見つかる。これらは後年にも役立つ思考習慣の基礎になったし、高校生まで通った公文から得た大きな成果だ。

ひらめきを鍛える

小学校入学前には絵画教室にも通った。当時、幼児向けの名門と評判が高かった絵画教室だ。子どもたちの発想力を伸ばすというコンセプトの教室で、自由に絵を描かせたり、想像に任せて工作させたりするのが特徴だった。

暁星小学校の入学試験科目には自由工作があった。幼稚園児の私は絵画教室の先生と相談し、どんな作品が評価されやすいのか対策を講じて、内容をあらかじめ決めていた。それが功を奏して合格に至ったのだが、それが大人の思惑によるものなのか、戦略性に目覚めた私自身の行動によるものだったのかは思い出せない。

絵画教室で思い出すのはエメラルド色を独力で調色した経験だ。

子ども用水彩絵の具にはエメラルド色のチューブがなかった。絵本で知ったエメラルド色の透き通った海の美しさに心引かれ、エメラルド色を自作しようと絵の具を盛んに混ぜ合わせた。

直感に任せて青や緑、黄色などを混ぜ合わせるも一向に思いどおりの色にはならない。青に黄を混ぜれば緑にはなるが、何度試しても淡くも清涼感のあるエメラルド色にはほど遠い。

ふと逆転の発想で、白に少量の青を混ぜることをひらめいた。青に何色かを足すのではなく、白に少量の青を足して黄で調えることでエメラルド色を調合できるではないか！

大人になってみれば、このエピソードは「色の三原色（CMY）」の実証そのものであるとわかる。これらの色を混ぜれば混ぜるほど暗くなり、黒に近づいていく（減法混色）。一方、「光の三原色（RGB）」は混ぜると明るくなり、白に近づく（加法混色）。

青の絵の具に何色を混ぜても濁っていくのは当然で、白の絵の具に少量ずつ混色していくのがエメラルド調色の常道なのだ。

さらにそのエメラルド色の使い方にも少し意匠を凝らした。海ではなく、魚をエメラルドに塗ってみたのだ。その色の濃淡や明るさが楽しめるように、粘土でつくった大小たくさんの熱帯魚を空中に糸で吊るしてみた。魚たちがエメラルドの色の海に透けて輝くのだ。できたばかりのエメラルド色のオブジェとなった熱帯魚のモビールは、「その発想はどこからきたの⁉」と絵画教室の先生を驚かせた。

逆転の発想といえば簡単だが、先入観にとらわれた子どもが思い付くのは難しいことだったろう。しかし、やんちゃに試行錯誤したことを「無意識」にせず、「意識下」にとどめておき、体験を経験として繰り返す。こうして私のひらめき脳は鍛えられてきたのだと思う。今なお「エメラルド色」と聞くと、当時のむじゃきな気持ちを思い出す。それはまさにエメラルドの海に跳ねる熱帯魚だ。

クリエイティブの可能性に目覚める

暁星中学校・高等学校では中高合同の美術部に所属して、アクリル画に熱心に取り組んだ。

アクリル画は布製のキャンバスに、アクリル樹脂を水に溶いたアクリル絵の具を使って描く画法だ。絵の具を重ねて描く技法は油絵と同じだが、塗り重ねた絵の具がにじむ油絵とは異なり、色をいくら重ねてもにじまないのがアクリル画の特徴で、エアブラシを使って微細なグラデーションを表現できたりもする。

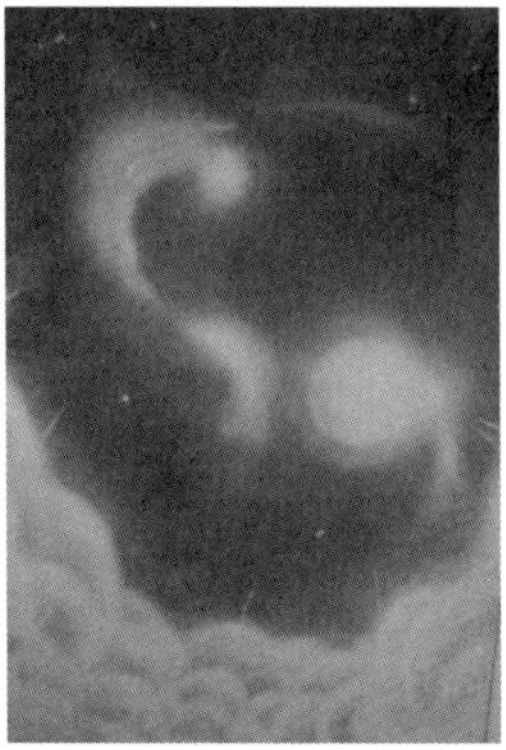

高校時代のアクリル画作品。
タイトル「Moon shot」

アクリル絵の具で描いた作品は、当時はやっていたヒロ・ヤマガタやクリスチャン・ラッセンのような画風といえばイメージしやすいだろう。はっきりした色彩を塗り重ねて不透明にしていくアクリル画ならではの技法に惹かれた。

空や雲、宇宙を題材にして、風景と抽象画をミックスした題材を好んで描いた。エトワール祭（暁星学園の学園祭）のポスターやパンフレットの表紙画も美術部部長として指揮をとり、クリエイティビティを遺憾なく発揮した。

リーダーシップとプレゼンテーション

高校2年次には美術部の部長を務め十数人の部員をまとめた。

熱心な部員が放課後、部室に立ち寄っては絵を描き、思い思いの時刻に帰宅するような、自由でもあり、反面、まとまりを欠くような部活動が伝統ではあったが、部長会議でクリエイティブの重要性を熱弁し、予算を獲得したこともあった。部活合宿を企画し八丈島へ夜間航行中、甲板に出て夜景をみんなで描いたり、八丈富士へ登山しスケッチをしたりしたのは思い出深い。

他校の美術部との交流も図り、互いの学園祭に行き来もした。

美術部の学園祭での作品展示には、父兄のほか、校外の客も多数訪れる。自分の作品に見入ってくれる訪問客を相手に、作画に至った動機やモチーフの説明、作品に込めた意図

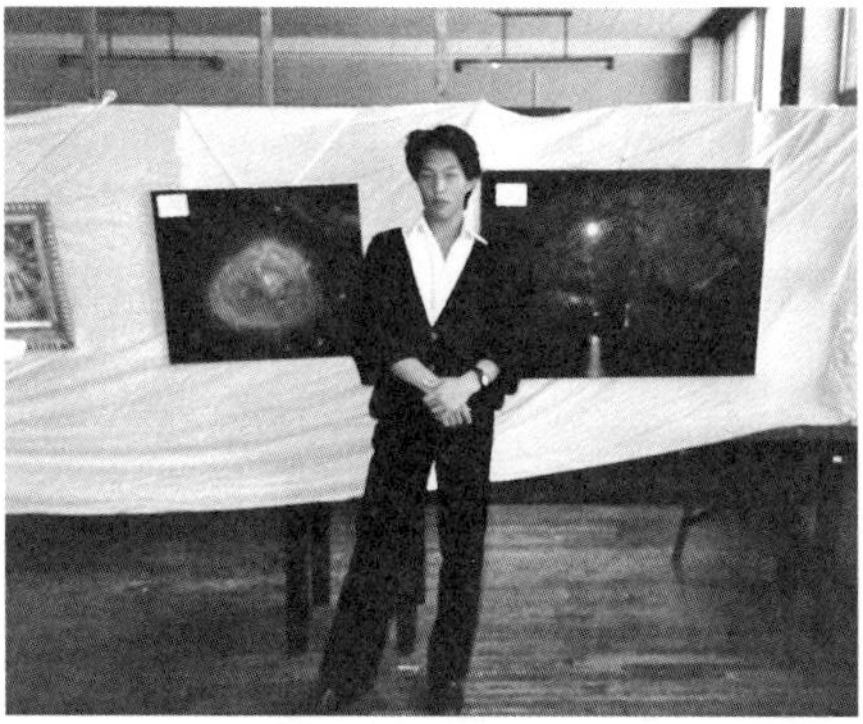

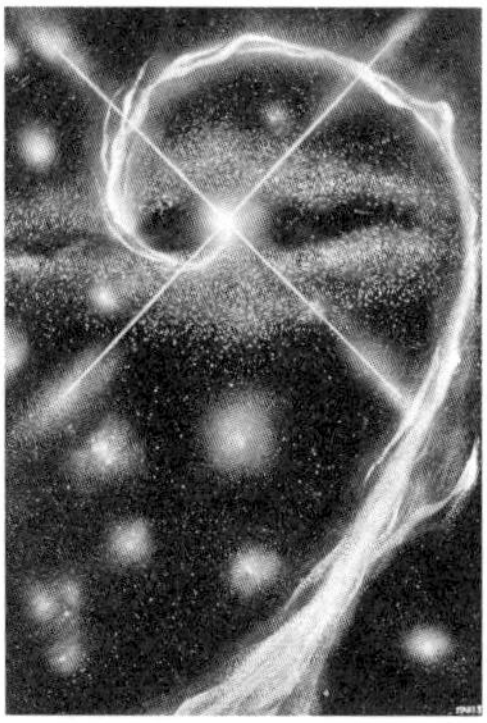

（左）美術部部長時代の筆者。学園祭の絵画展示の前で
（右）筆者作の学園祭のポスター原画。タイトル「Supernova」

や思いを説明するのが出品した部員の務めだった。

慣れないうちはぎこちない説明であったものが、数を重ねるにつれて、共感してもらえるコツや、意図を伝える要領がつかめてくる。これはまさにプレゼンテーションであり、経験を通じて初めて会得したプレゼンのコツだ。私の初めてのプレゼンは新鮮で気持ちのよい体験だった。

エトワール祭演出の総監督を務めたのも忘れがたい。自分が計画・指示して中学校・高等学校の生徒たちに協力してもらうのは初めての体験だった。人に共感してもらうこと、人を束ねること、人に動いてもらうこと、感謝されること、成しとげるということ。リーダーシップとは何かに目覚めるきっかけにもなった。

「親が医師だから」でいいのか!?

暁星高等学校では2年生への進級時に理系・文系コースを選択してのクラス替えがある。さらに3年生への進級では、国立大学か私立大学どちらへの進学を希望するか選択する。国立理系・文系、私立理系・文系の都合4グループに分かれるわけだ。

成績のよいクラスメイトは国立理系を志望し、私立理系を目指す連中の多くは医学部を目指すのだという。その理由を問うと「親が医師だから」「家が歯科医院だから」と当然のように答える。

「えっ、お前んち医者だったの!?」

小学校時代から仲がよく、一緒によく遊んだクラスメイトの数人が医師の家庭だったことを初めて知った。それをきっかけに、将来就きたい職業も進路も漠然としていた私にとって、医師という職業が急に身近な存在になった。

医学部へ進むクラスメイトらは「医師になりたい」のではなく「親が医者だから医学部に行く」のだと言い、彼らから医師という職業の実態をつかむことはできなかった。

医師とはどんな仕事をする職業なのだろう。

進学情報誌や入試案内で調べてみると、医学部で学ぶ内容は書かれていても、職業についての記述はほとんどない。医学部卒業後の就職先には「医師」「研究者」「官僚、医系技官（医師免許・歯科医師免許をもつ技術系行政官）」などとあって、医師という職業の実態はつかめなかった。

そこで医師になった人の話を聞いたり、映画や小説に登場する医師像を探ったりすることにした。特に医師自身が書いた小説やノンフィクションを手当たり次第に読んだ。手塚治虫のコミック『ブラック・ジャック』ももちろん愛読した。「それでも私は人を治すんだ。自分が生きるために」というブラック・ジャックのセリフは、今も時折思い返す。

人間が好きなお医者さんを目指しなさい

高校3年次に通っていた駿台予備学校の夏期講習に医学部小論文対策講座があった。医学部受験では小論文を課す大学も多い。小論文を書いたことがない高校生を対象に設けられた医学部専門講座だ。

講師は最首悟先生という。最首先生の「医療とは何か」「医師はどうあるべきか」といった医療倫理がテーマの講義には大きな影響を受けた。

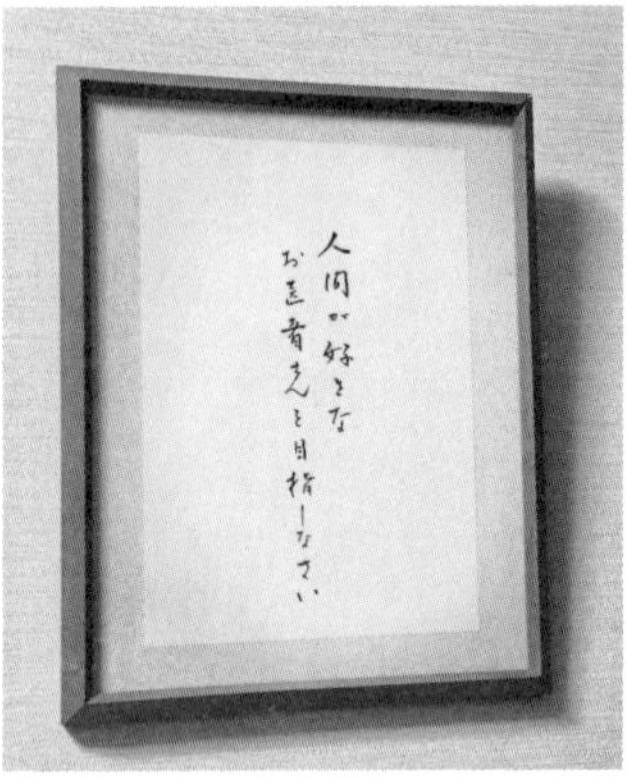

最首先生に書いていただいた言葉

最首先生のポリシーは「病気を診ずして病人を診よ」（東京慈恵会医科大学の創設者・高木兼寛氏の言葉）だった。講義では小論文を書いて提出すると後日添削されて返ってくる特典が設けられていた。

あるとき、小論文の末尾に「僕の家族や親戚には医療従事者がいないので、励みになるメッセージをください」と書き添えて提出したところ、添削用紙の裏に毛筆で「人間が好きなお医者さんを目指しなさい」と揮毫《きごう》いただいた。

これには心を打たれた。「医師とは人間を相手にする職業で、医師も同じ人間なのだ！」と胸に響いた。この直筆メッセージは額装されて今でも私の部屋で見守ってくれている。

医師というより外科医を志す

美術部で得た部長経験や、公文式学習でひたすら算数問題を解いたとき、ほめられた経験、慕って築いた先生との絆、競争し合ったライバル。自分は「人と関わり合うのが楽しいんだ」と腑に落ちた。自分に「社会的価値」が芽生えた瞬間だったのだろう。漠然としたヒトではなく、一人ひとりに向き合う、医師という職業に俄然興味がわいた。

片っ端から読んだ文章からも、医師という職業の実際や、医師が目指すに値する職業であることの後押しをもらった。

ある本に、高い学力が必要なのは当然として、医学部生の6年間を耐えられる根気強さや体力、医師を続ける精神力、そうした総合力がなくては医師をまっとうできないとあった。

その点は誰よりも自信があった。ゴールを目指してコツコツと進むこと、根気強く継続すること。こちらも公文式学習で培ったスキルからか、あるいは我慢強さを両親から受け継いだからだろうか。

私は肝胆膵という領域を中心とした消化器外科医だが、この当時から医師になるなら外科医だと決めていた。悪いところを手で取り去るのはシンプルながら実に明快な思考だ。一人前の外科医になるまでの道のりは困難だという通説も、挑戦心をかき立てたものだ。

バブル期に現役で医学部に入学

大学は帝京大学医学部医学科に現役で合格した。

入学金・授業料とも現在はずいぶん値下げされ、大学や地方自治体の奨学金などもうまく利用すれば一般的な家庭の子弟でも私立大学医学部は十分狙えると聞く。しかし、私が入学した当時はやはり高額だった。学費を捻出してくれた両親にはずいぶん負担をかけた。感謝の言葉しかない。

入学した医学部のクラスメイトたちの多くは医師の子弟で、持ち物や行動もとても裕福に見えた。

医学部での教材とノート

両親からは浪費をせず慎ましくと教えられて育ち、かといって無理な我慢をするような家庭でもなかった。入学当初はバブル期でもあり、派手な外車で大学に通う者もいたが、特に気にかけず、「無駄をしない」は今なお私のポリシーでもある。

ヒポクラテスたち

医学部のクラスメイトに薦められて観た映画『ヒポクラテスたち』には衝撃を受けた。ポリクリ（臨床実習）に臨む京都の医学部6年生（作品中では6回生といっている）たちの日常を追う青春映画だ。１９８０年公開とあって、社会運動に熱中する医学部生、無資格堕胎、森永砒素ミルク訴訟など、私が見た当時でも時代背景や風俗はずいぶん違っていた。

しかし、ポリクリで治療の最前線を経験した登場人物が自問する「人の生だとか死だとかに携わる資格が私たちにはあるのかしら」というフレーズは時代や習俗が変わろうと不変のものだろう。

卒業試験の最中に自殺してしまう木村みどり役の伊藤蘭。プレッシャーを感じるなか、恋人の妊娠中絶をきっかけに精神に変調をきたし、大学附属病院の精神科病棟に入院してしまう主人公・荻野愛作役の古尾谷雅人。エンディングで語られる登場人物たちの将来は衝撃だった。

医師という職業を将来に控えた登場人物たちが、医師とは何か、人が人を治すことに悩み、モラトリアム特有の不安定さを抱えながらポリクリに臨むようすは、医学部出身だという大森一樹監督が描くだけあって、現役の医学部生にもリアルに響いたものだ。

医学部は本当にタフな学部なんだ、医師を目標にして医学を修得する私たちを待っているのはこんなにも厳しい修練と体験なんだ。その事実に身ぶるいするようなおそれを抱くのと同時に、流されるまま、無自覚なままに医学部生生活を送れば、登場人物らと同じ運命をたどってしまうに違いない。

そうならないための周到な対策と心構えが重要だ。医学部生も、医師も、普通の人間なのだ。この映画は医学部生から研修医へとキャリアを積んでいく自分への戒めになり、反面教師にもなった。

第3章

不屈の精神とMacで白い巨塔に挑む

直感を信じて消化器外科へ入局

私が医学部を卒業した1996年当時の帝京大学では医師免許を取得した後、（大学附属病院に就職する場合は）医局と呼ばれる診療科別の講座を決めて入局しなくてはならなかった（このシステムは日本独自といわれる教授を頂点とする組織体制で、大学によっても異なるが、いわゆる「白い巨塔」である。現在は医師免許取得後2年間義務づけられた初期臨床研修で診療科を決めるシステムになっているなど、研修医制度は時代とともに変わっている）。

だから、大学5年次に全診療科を回る病院実習で、進みたい診療科をおおよそ決めておく必要があった。

外科に進むことは医学部受験を志したときから決めていたし、病院実習で体験した、全身を統合的に管理し手術で根本治療できる外科は自分を試してみたいと思わせてくれた。手術の技術や成果は評価される。この診療科なら自分一人の力でも大きいことを成し遂げられそうだ。

医師国家試験に合格して卒業した後は、帝京大学医学部附属病院の第1外科に入局した。

入局した当時の帝京大学附属病院の外科には大きく分けて第1外科と第2外科があり（後に一医局制度によって外科は統合された）、そのほかにも領域別に細分化されていた。外科のどの領域へ進むかは配属のローテーションをこなしてから決めることにした。2年間の研修医期間では、心臓外科、循環器外科、消化器外科、婦人科などをひととおり経験した。麻酔科も救命救急科も体験した。

本命は消化器外科だったが、救命救急科にも強く惹かれた。救命救急治療では救命処置などを優先順位に従いどこまでやるかを決める（トリアージという）。限られた時間のなかで瞬時に判断し計画を立てながら治療戦略を練るダイナミックさが魅力的で、救命救急科にするか、外科にするかは真剣に悩んだ。

本物を目指し鍛練の道へ

第1外科の消化器外科は、「食道・胃」「大腸」「肝臓・胆道・膵臓（合わせて肝胆膵という）」の3つのグループに分かれていた。

救命救急科への未練を残しつつ、救命という観点から消化器外科を見てみると、胃や大腸は急変しにくいし、仮に全部摘出（全摘）しても生存可能な臓器ということになる。

一方、肝胆膵は手術も複雑で専門医も少ない。炎症でも致命的な状態になり、癌は発見されづらい。しかも癌は予後が悪く、術中に亡くなることもある。困難に挑戦心を燃やし、肝胆膵への興味がわいてきた。

加えて肝胆膵外科グループを率いていた恩師の高田忠敬教授の熱量とバイタリティには強い魅力を感じた。

高田先生は日本肝胆膵外科学会や日本腹部救急医学会を創設、理事長を務めたほか、国際肝胆膵学会（International Hepato-Pancreato-Biliary Association：ＩＨＰＢＡ）、国際胃外科クラブ（International Gastro-Surgical Club）、アジア・太平洋肝胆膵外科学会（Asia-Pacific HBPA）など海外の医学会の要職を歴任し、国際学会を主宰するなど、臨床・学術研究などで多大な貢献を果たし、イングランド王立外科医師会（The Royal College of Surgeons of England）の当時日本人唯一のフェローでもあった。

それまで診断・治療法に一定の基準がなかったことを指摘し、ガイドラインの重要性を日本で初めて提唱、日本初のエビデンス（科学的根拠）に基づいた診療ガイドライン『急性胆道炎ガイドライン』を編んだ人でもある。

ガイドラインとは、エビデンスなどに基づき最適と思われる診断・治療法を提示するものので、診療指針とか標準治療に相当するものだ。現在でこそ診療ガイドラインに従うこと

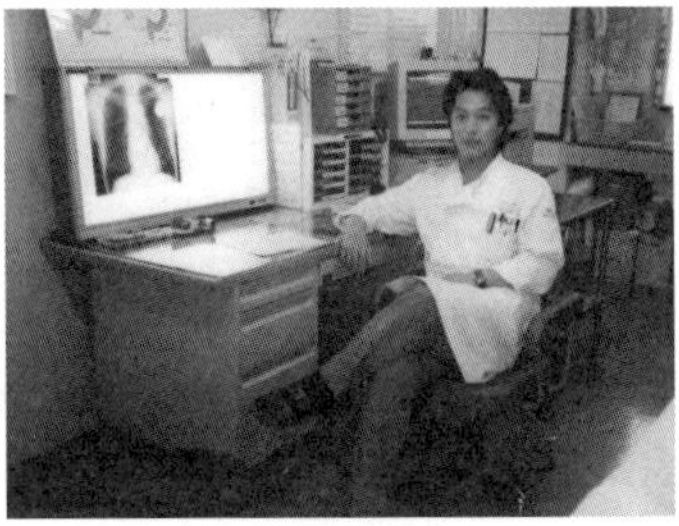

（左）高田忠敬先生ほか医局のメンバーと（右）入局直後

は当然だが、エビデンスベースのガイドラインは当時、まったく目新しい考え方だった。

臨床でも、経皮的胆道ドレナージ法（ＰＴＣＤ）という画期的な手技の開発・普及を行うなど世界的な外科医であった。高田先生の臨床への考え方、人望、ビジネス的な視点。すべてが研修医1年生にとって驚きだった。レジェンドと呼ばれる伝説的存在は、肝胆膵外科をローテーションしていた私に気さくに声をかけてくれたものだ。

同期生からは「よくもそんな大変なところへ行くね」と半ばあきれられながらも、肝胆膵外科の道へ進むことに決めた。

臨床のなかに学術の楽しさを見付ける

研修医になって2年目。助手として入った転移性膵癌患者の手術で、摘出後に行った細胞診で腎細胞癌が見つかった。膵臓への癌転移はさほど多くない。しかも患者が腎癌を手術

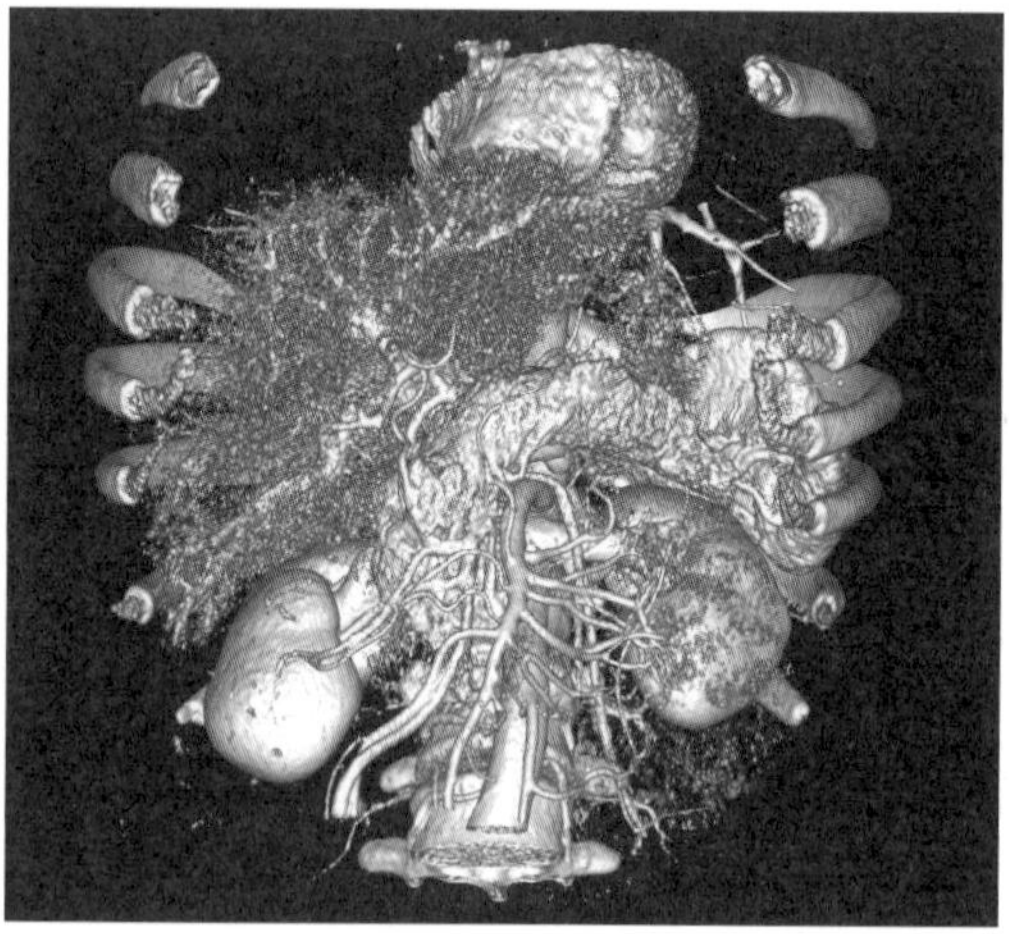

肝胆膵の3D解剖図（ボリュームレンダリング）

したのがその16年前で、それだけの期間を経て見つかる転移は本当にまれなのだ。

珍しい症例に「症例報告したらいいんじゃないか」。そう思って自分なりに国内外の文献を調べ始めたところ、腎癌膵転移の症例は意外なほど希少なことがわかった。

当時、私のオーベン（研修医を指導する上級医師のこと）だった天野穂高講師（現会津中央病院外科部長）に相談したところ、「おもしろいからもっと突っ込んで調べてみたら」と背中を押された。

当時インターネットはほとんど普及しておらず、ＰｕｂＭｅｄ（医学系雑誌に掲載された論文の書誌情報を調べられる無料の検索エンジン）の公開も始まったばかりで有料。文献検索は根気を要する地道な作業だ。

大学図書館で腎癌膵転移の報告論文を探し、その論文が引用している参考文献を調べ、さらにその先を調べる。これをひたすら繰り返す。

図書館にない海外の文献は顔見知りの製薬会社のプロパー（営業職、現在のＭＲ〈医薬情報担当者〉に相当する）にお願いしたり、医局にも頼み込んで有料の海外の文献を取り寄せたりしてもらった。まるで宝探しだ。だれも気付いていない科学的事実を明らかにしたい衝動に、時間と疲労を忘れ、没頭していった。

一歩引いて俯瞰せよ

これ以上論文の検索は不可能というところまで調べ上げて、判明した過去の報告は世界でたった54例だった。腎癌膵転移は極めて珍しい症例だということが確かめられた。

オーベンの天野先生曰く、「症例に掲載されたデータには何かしら意味があるはず。現段階ではわからないから、とりあえずデータを集めろ。それらを網羅したら、一歩引いてながめていると、なんとなく見えてくるものがあるかも」。

一歩引いてながめるとはどういうことだろう。天野先生の真意はわからなかったが、言われたとおり患者の年齢、性別、画像所見、血液検査値、手術時の出血量、予後などなど、目につくデータらしきものは全部、パソコンの表計算ソフトに入力していった。

54例分のデータをすべて打ち込んでできあがった膨大な表を、天野先生の教えに従って俯瞰でながめてみる。するとCT画像所見で「門脈の早期出現」という共通するキーワードが目にとまり、4例で見つかった。

造影剤を注射してから撮像するCT（造影CT）では通常、動脈が先に写り、数秒経ってから静脈や門脈が描出される。ところが4例においては早期に門脈が描出されたという。これが早期出現である。

さらに調べていくと、「腫瘍栓」という共通の特徴もあった。腎臓から膵臓へ流れる静脈の途中、なかでも脾静脈や門脈という太い静脈の中に腫瘍塊が付着し、そこに血栓のような固まり、つまり腫瘍栓ができていたのだ。

これが腎癌膵転移の特徴なんじゃないか！　天野先生に報告すると「見えたね、それだよ！　次はなぜそうなるかを深掘りしてみよう」。

研修医の医学論文が掲載

摘出した脺臓の組織には豊富な血管が観察された。転移の原発となった腎癌はクリアセルカルチノーマという、血管を豊富につくるタイプの癌だった。

血管を流れて腫瘍を増殖しやすい（血行性転移しやすい）タイプの細胞が血管の途中で詰まって腫瘍栓をつくったり、主要な血管以外の血管を介して門脈にもこれらの細胞が流れていったりしているのではないか。患者のCTを見返してみると、通常よりも異常血管が多いことがわかった。それが原因でCTでは門脈が早く出現しているのだろう。

そう考察して論文を書き上げ、大学の医学雑誌に投稿したところアクセプト（受領）され、研修医期間中にパブリッシュ（掲載）された（杉本真樹、高田忠敬、安田秀喜ほか：脾静脈腫瘍栓および脺管腫瘍栓を伴った腎癌脺転移の1切除例。帝京医誌 21：255－263、1998）。

「卒後2年目で論文を投稿する研修医は初めてだ」「これだけよく書けた論文は、学会誌に投稿できるレベルだよ」と、高田先生、天野先生には過分の高評価をいただいた。

単身で臨んだ海外国際会議

肝胆膵領域の患者はアジアに多い（原因はウイルスや土壌、水質などではないかともいわれている）。高田先生はアジア各国の医学大学、医学部の先生と交流があったことからアジア・太平洋肝胆膵外科学会を設立し、各国でばらばらな基準を統一した胆道炎の国際ガイドラインづくりを唱えた。

それにはコンセンサス会議を開き、胆道炎の定義はもちろん、治療法、たとえば第1選択薬は何かといったことについて合意を得る必要がある。そこでガイドライン策定の前哨戦としてマレーシアのコタキナバルで有識者を集めた意見交換会をすることになった。

コタキナバルへの同行者として、英語を話せるという理由で私が指名された。ところが会議が目前に迫ったところで、高田先生が「僕は行けなくなったから、杉本1人で行ってきてくれ」と言う。外せない用事ができたのか、私1人でも大丈夫だから任せられると思ったのか、もしかしたら試されたのかもしれない。

海外旅行は高校生時代の短期間の語学留学ぐらい。しかし今回は、国際会議に単身で参加して日本代表としての意見を発表し、コンセンサス会議を成功に導かなくてはならない。

当時は国立病院機構東京医療センターへの２年間の出向から戻ったばかりで、再び帝京大学の肝胆膵外科グループで大学院に入学し、医学博士を目指していた身にとって、とてつもなく高いハードルだ。

これはチャンスだよ！

高田先生は常々、「僕はみんなに均等にチャンスを与えている」と言っていた。だが、いつ、どれがチャンスかを明らかにしてくれるわけではない。結果的にそれが千載一遇のチャンスだと気づき、満足のいく結果を出した者だけがそのチャンスをものにして次へと引き上げてもらえるのだ。

仲がよかった同僚の和田慶太が「杉本、これはチャンスだよ！　うちの医局には俺たちしかいないから、絶対に行ったほうがいい」と激励する。同い年の和田は気の合う友人でもあったし、切磋琢磨し合うライバルでもあった。その和田の後押しはとても心強かった。

よし、期待された以上の成果を持ち帰ってやろうじゃないか。

高田先生のノートパソコンを預かり、先生が途中までつくったプレゼン資料をブラッシュアップしてコタキナバルでの会議に臨んだ。

コタキナバルでの国際会議に単身臨む

高田先生の名代とあってＶＩＰ待遇の歓迎ぶりだ。しかし、いざコンセンサス会議が始まれば、「ドクター杉本、意見をどうぞ」と、手加減の気配などみじんもない。そして要求水準はとてつもなく高い。

高田先生が事前に準備した資料に基づいて胆道炎の定義をプレゼンし、質疑応答にも知識と経験を総動員して対応した。

結果、コンセンサス会議は大成功。アジア各国の有識者らの合意を得て国際ガイドラインづくりがスタートしたのだ。大舞台での大役の重責にも動じない度胸がついた、貴重な経験だった。その夜の歓迎会を兼ねた打ち上げは、熱帯夜に負けないくらい、胸が熱くなった。これが後に「胆道炎のガイドライン」として、日本初のエビデンスに基づくガイド

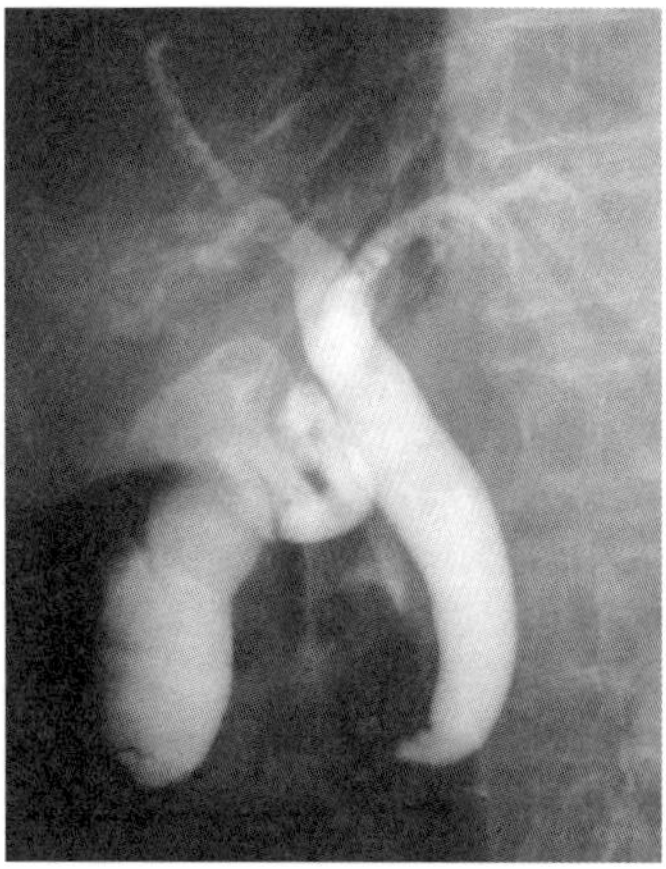

肝胆膵のエックス線写真（2D画像）

ラインとなっていった。

3D画像に魅せられる

胃や腸のような管状の管腔臓器に対して、固形の肝臓は実質臓器といわれる。通常の臓器とは異なり、肝臓には血管が3種類ある。腸や脾臓からの血液を送る門脈と、肝臓に酸素を運ぶ肝動脈、肝臓から送り出された血液は肝静脈から下大静脈を通って心臓に至る。ほかにも肝臓の細胞がつくる胆汁を集め十二指腸へ流す胆管がある。

3種類の血管と胆管を合わせた4種類の管が張り巡らされているさまは、複数の路線が並行したり、立体的に交差したりする東京の地下鉄路線図にたとえられることもある。こ

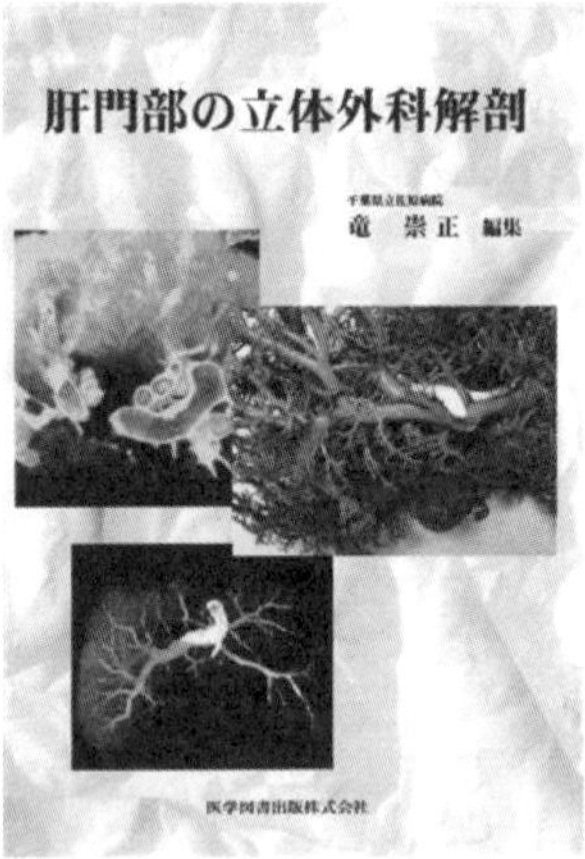

話題になった『肝門部の立体外科解剖』

のように肝臓の手術は複雑に絡み合う血管をよけたり結紮《けっさつ》して進めたりするために、精密な画像診断が不可欠なのだ。

2年間の東京医療センター勤務を経て、再び帝京大学の肝胆膵外科グループに戻って研鑽を積んでいた当時、肝胆膵外科の重鎮らが著した3D画像から肝臓の構造を解説した医学書『肝門部の立体外科解剖』（竜崇正、医学図書出版、2002年）の出版が、肝胆膵外科医の間で大変な話題になっていた。

肝臓を区域ごとに分類するアイデアはすでに外国で提出されていたが、著者らは自ら解析した3D画像での肝臓の観察をもとに、新たな区域分類を提唱。それに伴って新しい肝切除術を提案したのが本書だった。

当時、医師国家試験の教科書や医学書に掲載されている医用画像は2次元のエックス線写真ばかりで、本書のように美しくてカラフルな3次元のボリュームレンダリング像を掲載した専門書は非常に珍しかったと記憶している。

CT撮像の仕組み

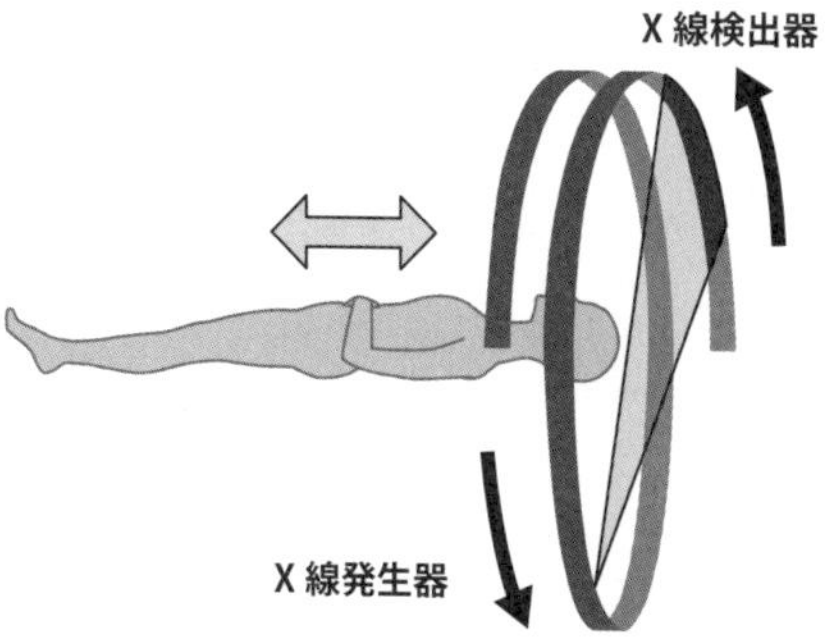

エックス線が発生器から放射され人体を透過。透過したエックス線情報を検出器が受信する。受信データはコンピュータで処理され画像になる

CT撮像の仕組み

ＣＴは体外からエックス線を照射して身体を輪切りにして撮像する技術だ。

１９６４年、イギリスの技術者ゴッドフリー・ハウンズフィールド氏によってＣＴが発明された。ＣＴの理論的土台を研究・発表していた米国の物理学者アラン・コーマック氏とともに、１９７９年のノーベル生理学・医学賞を受賞している。ハウンズフィールド氏の名前は、ＣＴ値の単位「ＨＵ（ハウンズフィールド・ユニット）」として今なお残っている。ちなみにＣＴ値は、水を基準として０ＨＵ、空気をマイナス１０００ＨＵと規定し、水より密度が低い脂肪組織などはマイナス、水よりも密度が高い

軟組織や硬組織はプラスとなる。

ハウンズフィールド氏は当時、イギリスにかつて存在したレコード会社ＥＭＩの中央研究所に所属していた。ＥＭＩといえばザ・ビートルズ関連の音源を管理していた会社でもあり、レコードの巨額な売り上げがＣＴを生んだとも、ビートルズによる最も偉大な遺産ともいわれる（諸説あり）。実際、ＥＭＩスキャナとして開発・発売されていた。

撮像したＣＴ画像を３次元に再構成する画像解析ソフトは、当時数百万円もする高額なもので、若い外科医が気軽に触らせてもらえる代物ではなかった。ましてや現代のようにパソコンで３Ｄ画像が見られるようになるとは想像だにできなかった。

竜先生らが著した『肝門部の立体外科解剖』に掲載されている３Ｄ画像は彼らが自ら作成したもので、その美しさ、圧倒的なわかりやすさに、すっかり魅了されてしまった。カラフルなページをめくっては３Ｄ画像に憧れ、ため息をついたものだ。

重症急性膵炎を極めろ

肝胆膵外科グループが当時、もう１つ熱心に取り組んでいたテーマが重症急性膵炎だった。

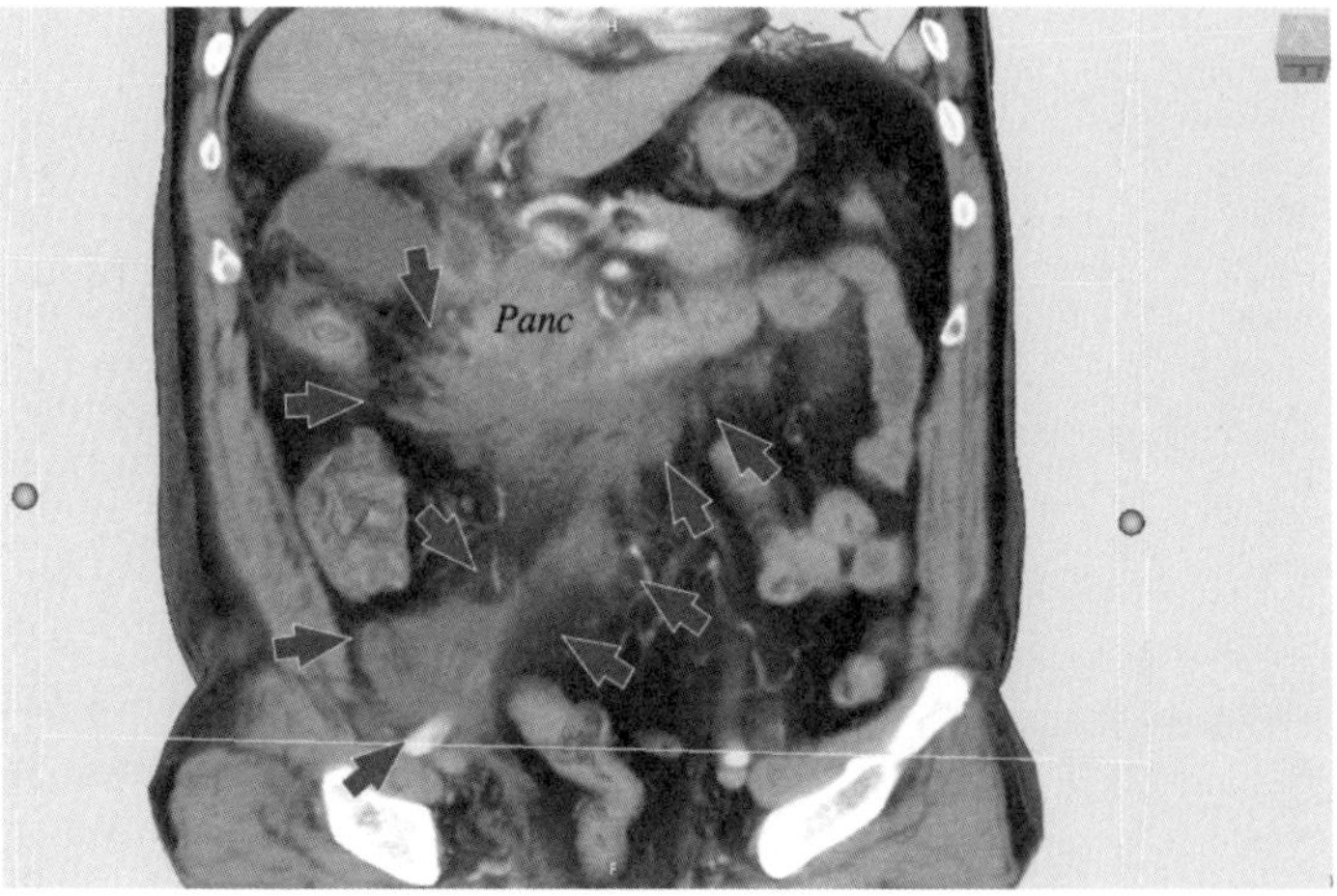

急性膵炎で腹部にたまった腹水

急性膵炎はなんらかの原因で膵臓の酵素の働きが活発になり、膵臓自らの組織を消化してしまう病気だ。アルコールの飲みすぎや胆石のほか、原因不明のケースも多い。良性の疾患だが、重症化すると3割もの患者が亡くなる予後不良な疾患でもある。早期癌でさえ、死亡率が3割に上る癌は珍しい。

その急性膵炎の重症化評価を確立せよ。これが私たちに課せられたミッションだった。

グループの主担当だった吉田雅博講師（現国際医療福祉大学教授）についていって、私も厚生労働省の難治性膵疾患に関する調査研究班に参加させてもらうなかで、急性膵炎のステージ分類をつくることになった。

ステージ（病期ともいう）分類とは疾患の進み具合を段階的に分けたもので、このステージに応じて標準治療が設定されている。標準治療とは患者に対して行われた臨床試験の結果などから、専門家らが現時点で最善と判断した治療法のことである。

ステージ分類の一部として、撮像したCTの所見に基づく軽症・中等症・重症の判定基準を検討するのが、吉田先生と私の課題であった。

急性膵炎では膵臓から膵液を含む浸出液が漏れ出て腹腔内にたまる。悪化するにつれて水はどんどん広がっていき、最終的にはおなかの中が水浸しのような状態になる。

帝京大学附属病院を受診した急性膵炎患者のCTを見ていたところ、浸出液の広がりがどの方向かによって重症度が変わるらしいとわかった。しかし体幹を輪切りにしたCT画像では、浸出液の広がりを正確に把握することは困難だ。

重症化評価を多角的・立体的に考える

「輪切りではなく縦方向にCT画像をスライスできたら、縦方向への広がりが立体的にわかりやすくなるのになあ」

ちょうどその頃、帝京大学附属病院にヘリカルCTとMDCT（multi-detector row CT：

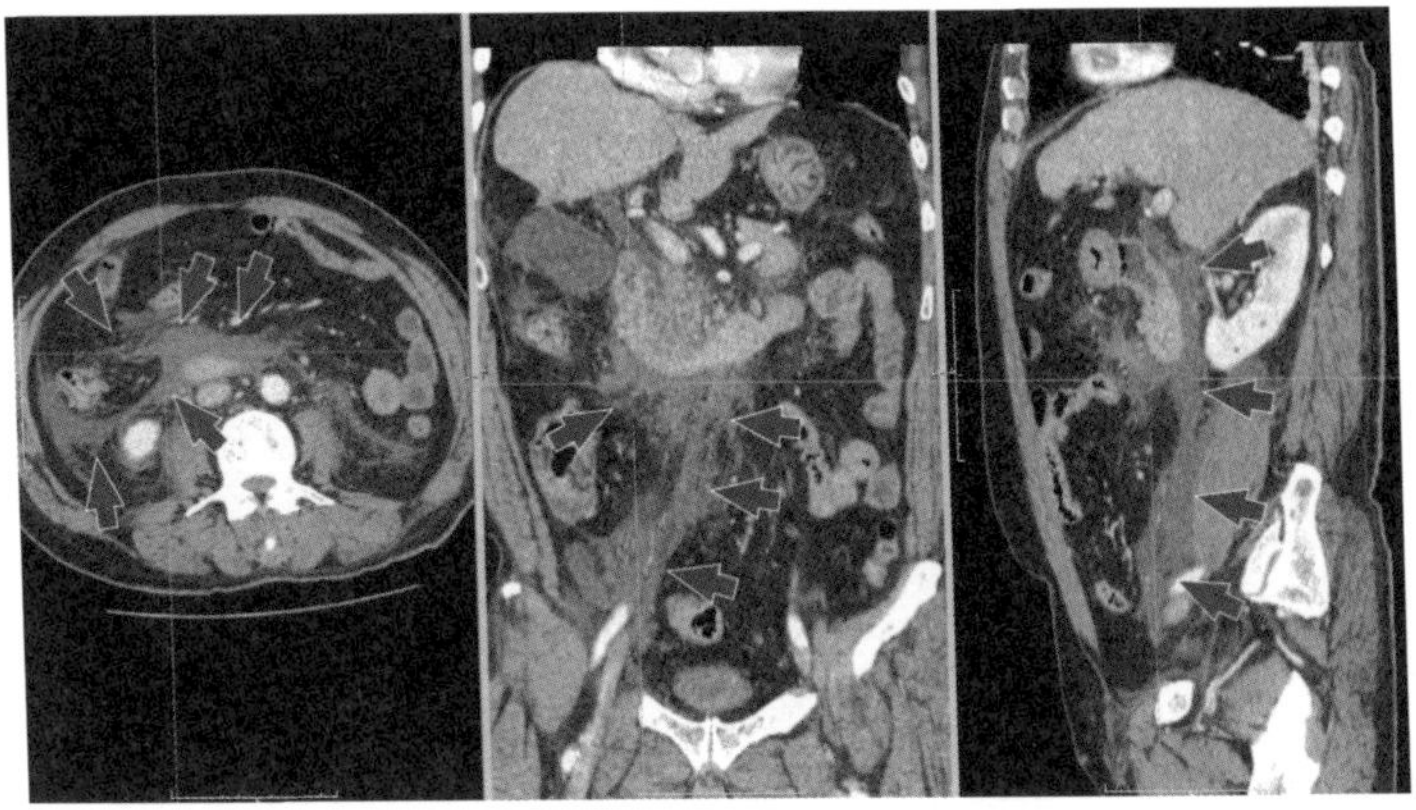

MPRの例（左から軸位断、冠状断、矢状断）

多列検出器型ＣＴ）システムが導入された。エックス線検出器を多数並べることで短時間にたくさんのＣＴ画像を得られるようにしたＭＤＣＴなら、数ミリメートル間隔（現代の最新機器では０・１ミリメートル厚でのスライスも可能になっている）でらせん状に撮像した輪切りの画像の縦方向への再構成が容易に行える。

縦方向に再構成する方法は、３Ｄ画像の一種であるＭＰＲ（multi planar reconstruction：多断面再構成）と呼ばれる画像解析技術だ。

少し専門的に説明すると、輪切りのＣＴ画像を数十～数百枚積み重ねたボリュームデータをつくり、それをもとにして軸位断、冠状断、矢状断の３面それぞれで任意の断面の画像を作成するのがＭＰＲだ。写真のように、軸位断は体軸に直交した横断面を、矢状断は体軸に平行で前後方向の断面を、冠状断は矢状断面に直交した体軸方向の断面を表す。

「これはすごい！　急性膵炎の重症化評価にＭＰＲは有望なんじゃないか？」

直感的にピンときて症例を調べてみたところ、どうやら相関関係がありそうな気配だ。最初はＭＰＲ画像を放射線科の医師や技師につくってもらっていたが、そこで「今度、急性膵炎の患者が来院したら、僕にＭＰＲ画像をつくらせてください」と放射線科医に頼み込み、ＭＰＲ画像のつくり方を教わって英文論文を書いた。

この研究成果は国際学会でも発表して高い評価を受けた。

運命的なOsiriXとの出会い

急性膵炎患者が来院するたびに、また、過去の症例の医用画像を見るために毎回毎回、放射線科に出向くのはさすがに気が引ける。夜間だったり、担当者が不在だったり、在席していても忙しそうに働いているところに割り込むのはなおさら無理だ。

自分でもできる何かよい方法はないかとインターネットを検索したところ、アップルのＷｅｂサイトにＭａｃ専用のＤＩＣＯＭ（ダイコム）ビューアが紹介されていた。

本書ではこの後、ＤＩＣＯＭという専門用語がたびたび登場する。少し長くなるが説明しておこう。

DICOMとはdigital imaging and communications in medicineの略で、医療で使われるデジタル画像であり、かつ、CTやMRI、超音波などの医用画像・医療情報機器やシステム間でデータをやり取りする際のプロトコル（約束事）を定めた国際標準規格でもある。

デジカメ写真で使われるJPEGが「.jpg」「.jpeg」などの拡張子をもつように、DICOMにも「.dcm」「.dc3」「.dic」などの拡張子があり、「画像名.dcm」というファイルを見るにはDICOM形式に対応した閲覧ソフト（ビューア）が必要になる。

１９９１年にスイスのジュネーブ大学で、放射線科医師のオスマン・ラティブ教授がWindows 95対応の医用画像解析ソフト「Osiris（オシリス）」を開発、公開していた。２００３年になって、UCLA（カリフォルニア大学ロサンゼルス校）でラティブ教授とアントワ・ロセ医師らが中心になって、既存の画像処理ツールのオープンソースコードを中核にMac専用のDICOMビューアとして開発したのが「OsiriX（オザイリクス）」だ。

デジタル医用画像情報の処理は当時、高い処理能力のある（そしてとても高価な）画像処理専用ワークステーションでしか行えなかったが、OsiriXは市販のパソコンであるMacでも動作するとして、大きく注目されることになる。米国ではFDA（米国食品医薬

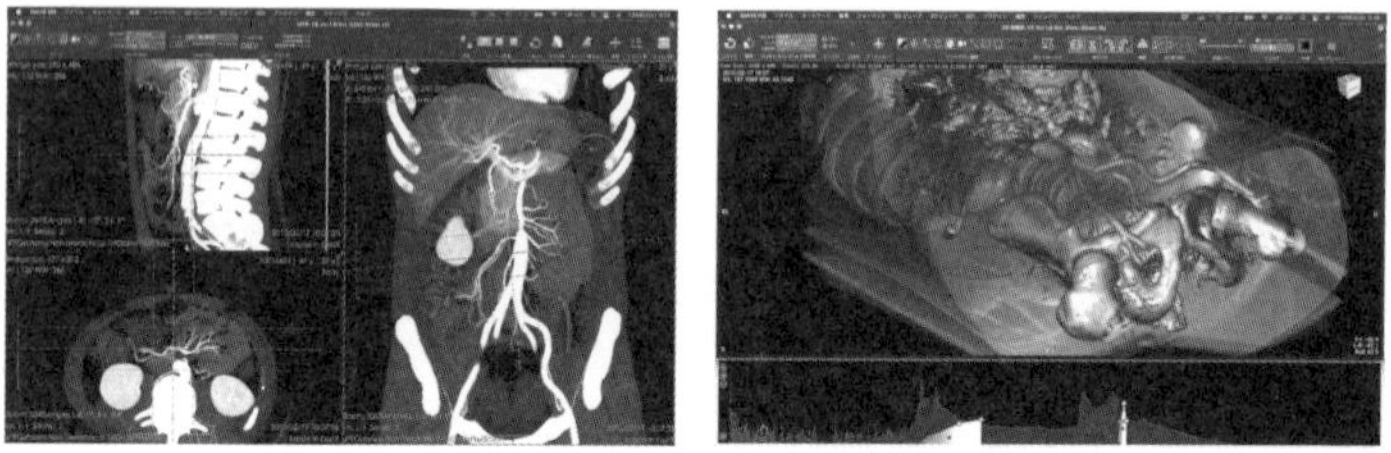

医用画像解析ソフト OsiriX のインターフェイス

品局）認証、ヨーロッパではＣＥマークを取得。日本でも私も日本語化やマニュアル作製、ハンズオンコース開催などに協力し、後年、医療機器認証を取得できた。

ＯｓｉｒｉＸの正式版が公開されたのが２００３年12月、私がダウンロードしたのがベータ版（開発途中で正式版公開前の試用版）、２００３年の夏から秋頃だったろうか。

さっそくインストールして、ＣＴ画像を読み込んでみた。すごい！　ＭａｃでＭＰＲ画像がつくれる、おまけに３Ｄ画像までつくれるなんて！

Ｍａｃが人生を変えた

横道にそれるが、研修医時代まで私にとってＩＴ機器、パソコンは縁遠い存在だった。

小学生の頃、英会話を習いに通った友だちの家にあったパソコンでゲームを見せてもらい、家庭用テレビゲーム機のコントローラと比べ、なんて複雑なボタンをもつコントローラなんだと驚いて以来、無縁だった（思い返すとあれはコントローラではなくマウスとキーボードだった）。

医局の先輩の私物ノートパソコンを使わせてもらっていた研修医時代。バッテリー切れの警告にもかかわらず無視して使い続けていたところパソコンが突然シャットダウンし、データが全消去され本体もクラッシュさせてしまった経験もある（先輩には当然マジギレされた）。パソコンは自分で所有しなければいけないと痛感した。

こうして自分のパソコンを初めて手にしたのは研修医期間を終える頃。PowerBook G3（Wallstreet）というノート型のＭａｃを、貯金をはたいてヨドバシカメラで購入した。給与は手取り月４万円。研修医になりたての頃は実家から仕送りしてもらい、後には当直アルバイトでしのいでいた身にとって、50万円也は気が遠くなるような大金だった。

これは先行投資だ。当時のアップルが「知識の自転車」とか「世界を本気で変える人に提供するツール」と呼んでいたＭａｃが、今、自分の手元で自由に使える。幼少期から美術部部長時代まで培ってきたクリエイティビティが翼を得た瞬間だった。このときの興奮は今でも鮮明に思い出せる。後に２００８年、アップル本社でＭａｃ30年記念キャンペーンＣＭに協力した際にこのときの興奮を語り、そのインタビュー内容が世界中へ配信された。今でもアップルのポッドキャストとして公開されている。

第4章

疲弊した地域医療・医師を救う医師

房総半島の病院への異動

4年にわたって帝京大学附属病院に勤務し、大学院を卒業、医学博士も取得した2004年、帝京大学ちば総合医療センター（当時の名称は帝京大学附属市原病院。2006年に名称変更）へ突然異動することになった。

ちば総合医療センターは地元自治体の誘致を受けて、房総半島の中央に位置する市原市に1986年に開設された、地域医療の中核を担う病床数約600床の大病院だ。

そのちば総合医療センターの経営不振から、人員補充が必要となった。経営不振の一因は、外科医と麻酔科医の一斉大量退職だ。近隣の市中病院や診療所から送られてくる大量の患者に医師たちが疲れ切ってしまった末だった。

内示があったのは異動の3週間前。突然で驚いたが、手術が一人前にでき、研究もできる、度胸もあるという理由で私が選ばれたことは後年知った。外科はいろいろな大学出身者の混成であるし、精神的にタフな人間がいいという意味だったらしい。

外科医のキャリアとして、帝京大学附属病院の第1外科でこのまま経験を積み、一人前になるのがゴールだと漠然と思っていたので、驚きとともに戸惑いもあった。一方でチャン

ちば総合医療センター勤務時代

スだとも思った。

選ばれたのだろうと解釈して、それなら先輩医師に遠慮したり物怖じしたりせず、臨床も研究も思い切りやろうと異動に納得した。「杉本ならどこに行ってもうまくやっていけるよ」と先輩もお墨付きをくれた。体制が立て直ったら帝京大学附属病院に戻してもらうという、当時の医局長との約束で……。

ちば総合医療センターで外科医として外来診療や手術をするかたわら、地域の中小病院や診療所などに外勤し、救急の夜間当直もこなした。外科医は普通はやらないけれど私は興味があったので、外科や内科関係なく、小さな往診車を自分で運転して在宅診療や往診にも走り回った。

都会と地方の医療格差

房総半島の市民病院も拠点にしながら往診などに駆け回るうち、痛感したのは都会と地方の医療設備、医療インフラの差だった。研修後2年勤めた国立病院機構東京医療センターや帝京大学附属病院では医療機器が充実し、スタッフもそろい、患者がいるのが当たり前だった。

東京に住んでいる人には、地方の医療環境がどれだけ貧弱か実感がわかないだろう。日本全土からすれば、東京はごく狭い一地域にすぎない。東京は人口こそ多いが、範囲としてはすごく限定されているのだ。テレビで報道される話題は東京に関することが格段に多いため、私たちはそれが標準だと思い込んでしまう。しかし、メディアが報じない地域のほうが圧倒的に多くて広く、むしろこちらが標準的なのだ。

ちば総合医療センターはそれでも、姉崎《あねさき》という市原市でも比較的開けた地域にあった。姉崎から房総半島の南東部、外房のいすみ市（当時は夷隅《いすみ》町、大原町、岬町の合併前後だった）までが私の外勤範囲だった。

いくつかの漁港があるいすみ市では漁業のほか、稲作をはじめとする農作物栽培も盛んだ。私が担当したエリアは農業を営む世帯が多かった。

いすみ市での診療を始めた当初の私の印象は、病気の発見が遅い患者が多いというものだった。癌がすでに進行したり転移したりした状態で初めて受診する患者も多かった。診療所や病院まで遠い、検査も気軽に受けられない。そんな理由のほか、農作物の栽培スケジュール次第という農家ゆえの事情もあった。農作業は気候にも左右される。体調が多少悪くても田植えや収穫などのイベント優先である。そうした背景から医療施設が遠い存在になり、病気の発見が遅れがちになるのだった。

田植えが終わるまで待ってくれ

ちば総合医療センター勤務時代の忘れられない患者がいる。

内視鏡検査で胃癌が発見された男性患者が診療所の紹介で、ちば総合医療センターの外来にやってきた。温暖な気候のいすみ市で田植えが始まる3月末か4月初旬の頃だったと思う。

診察して「すぐに手術をしたほうがいい」と勧めると、彼は「ウチ（自分の家）で田植えができるのはオレしかいないから入院は困る。手術はもう少し待ってくれ」と言う。

いすみ市の農村で地域医療

帝京大学附属病院勤務の頃なら、「田植えがあるから延期してくれだなんて何を言っているんですか！　早く手術をしなければだめです」とたしなめるところだろう。

すべてを排除して治療最優先。医師が治療スケジュールを決め、本人や家族は「先生にお任せします」と従うのが「常識」だった。

しかし彼は続けて、「（田植えの間に胃癌が進行して手術が手後れになっても）オレが死ねばいいだけだ。だが、オレが田植えをしなければ家族全員が死ぬ」と言い張り、手術の延期を強く望んだのだ。

こんな事情で手術延期を希望する患者がいること、全身全霊を捧げて農業に取り組む彼に気圧《けお》され、田植えが終わるまで手術を延ばすことに同意したのだった。患者都合で治療スケジュールを変更するなど、都会で医療経験を積んだ者には考えられない。患者のＱＯＬ（quality of life：生活の質）とはよく耳にする言葉だ。しかし、家族のＱＯＬ、地域のＱＯＬだってある。

田植え後に行った胃癌の手術は幸い、手後れにもならずうまくいき、彼は無事退院して家族のもとに帰った。

患者が自ら携帯情報端末やＶＲアプリによって病識を得て、自分や家族の健康状態を保ち、健康に関心をもつべき、という私の願いはこの時代の経験にルーツがある。自分の根底にある思いに、ブレはない。

課題はどこにでもある「壁」

都会と地方とでは画像処理システムの違いも歴然だった。ソフトだけで１００万円以上もする画像処理システムは、市中病院や診療所には高額すぎて、導入しようにも購入できないという。帝京大学附属病院で手術に明け暮れていたときは想像もできなかった現実だ。

その格差を埋めるには、だれでも扱え、安価な設備でなければならない。高額な医療機器ではなく民生技術と製品の活用を思い付き、ＯｓｉｒｉＸをキラーソフトとして、パソコンや携帯情報端末、ゲーム機などの技術を臨床応用しようという発想はこの経験をきっかけに生まれた。

ちば総合医療センター勤務の4年間はさまざまなアイデアを試した時期であり、都会と地方の医療格差、医師と患者の情報格差、医療機器と民生品の別……、そんなあちら（彼岸）とこちら（此岸）の間に立つ壁の存在を意識し始めた時期でもあった。

パソコンの3D画像は遊びにすぎない!?

ちば総合医療センターでは、エックス線検査による画像診断はフィルムでするのがいまだ主流だった。術前に行う症例検討会（カンファレンス）には数十枚ものフィルムが入った重いフィルム袋を両手で抱えてきて臨むのだ。

ＭＤＣＴが導入されていなかったわけではない。放射線科で3Ｄ画像をつくることも可能だったが、臨床ではフィルムが基本だ。

「パソコンで3Ｄ画像を見るのは遊びだ。臨床はフィルムでじっくり見なさい」

これが学会も含めた当時の消化器外科の常識だったのだ。

「そんなバカげた話があるものか。ＯｓｉｒｉＸのような便利なものをなぜ使わないのか」

当時は、医用画像は診断に用いるものという思い込みが強かった。しかし、医用画像は診断と治療で見方が異なる。

放射線科は診断までが担当なので２次元の画像で足りる。２Ｄ画像はフィルムで見てもパソコンで見てもそう変わらない。だが、私たち外科医は治療のために医用画像を見たいのだ。

穿刺したりカテーテルを挿入したりする手技で、２次元で撮像した複数枚の断面画像を頭の中で積み重ねて、縦方向の構造や奥行きを想像するには慣れがいる。その点、３Ｄ画像なら経験の浅い深いにかかわらず空間認識でき、自分で３Ｄ画像がつくれるとあれば、見たい視点や方向からの３Ｄ画像が手に入る。

手術の手順やアプローチも２Ｄ画像で立てた手術計画と３Ｄ画像で立てたそれとでは大きく変わってくる。開腹手術や腹腔鏡手術で、手術の際にどこに指を入れるか、どの部分を把持《はじ》するかといった検討を、スケール感をもって行えるようになる。

「治療のための画像学」とか「外科解剖」という言葉はこの頃から唱えられるようになった概念だ。

しかも、ノートパソコンなら医用画像をどこへでも持ち運べる。放射線科で作成した３Ｄ画像を手術室のモニタでも見られるのは今でこそ珍しくはないが、当時は手術室にノートパソコンを持ち込んで、執刀医自らが事前につくった３Ｄ画像を見ながら手術できるというのはとてつもないアドバンテージだったのだ。

治療で使える医用画像がほしいんだ

筆者の写真が載ったスイスの新聞『ル・マタン』紙の記事

２００６年に参加した北米放射線学会（Radiological Society of North America：ＲＳＮＡ）でＯｓｉｒｉＸの開発者たちと意見交換したときも、放射線科医である彼らは当初、治療用の医用画像をつくれる機能がほしいという私の主張を理解できなかったようだ。

それでも議論を重ねるうちに「これからは外科領域に画像診断を使う時代になる。杉本はＯｓｉｒｉＸを新しいレベルに引き上げてくれた」と賛同してくれた。これをきっかけに、外科医の視点をＯｓｉｒｉＸの機能に反映させる目的で私も開発に加わることになった。

開発者のオスマンがスイスの新聞『ル・マタン』の取材を受けた２００９年４月26日発行の記事「ジュネーブ大学が描く未来の医療」では、診断用に開発したＯｓｉｒｉＸが手術でも使われるようになり、医療のレベルが上がったと彼は述べている。記事と合わせ、

ＯｓｉｒｉＸで再構成した患者の３Ｄ画像をナビゲータにして腹腔鏡手術を行うちば総合医療センター時代の私の紹介記事が写真とともに大きく掲載された。

医用画像研究に没頭する

肝胆膵外科グループの高田先生からは、ちば総合医療センター在任の間にセンター独自の研究の成果をまとめよという課題が与えられていた。

縦方向に描画するＭＰＲ画像は帝京大学附属病院でつくれるようになっていたが、３Ｄ画像には着手していなかった。ならばと、ちば総合医療センターの医局では本腰を入れて３Ｄ画像を研究し、新しい撮像方法も確立することになった。

とはいえ帝京大学附属病院と比べ、予算は乏しい、設備も不十分、知己もいないと、ないない尽くしだ。そんな厳しい環境下で、「自由にやっていい、予算は僕がとってくるから」と非常に高額なＭａｃを購入してくれ、研究を後押ししてくれた上司には感謝している。

今でこそＭａｃはリーズナブルな価格で入手できるが、２００３年当時はまだまだ高級品だった。熟慮して購入したのはPower Mac G5というアルミニウム合金が筐体《きょうたい》のデスクトップタイプ。しかも50万円の本体と、テラリコン社製のVolumeProという70万円もした

医局で購入し、使っていたMac

グラフィックボード（ビデオカード）の組み合わせだ。本体よりも高額な周辺機器というのも常識外だが、最高性能のＭａｃを導入したことで画像をつくる時間が劇的に短縮できるようになった。

３Ｄ画像をつくるにはボリュームレンダリングという計算処理が必要になるのだが、最高性能Ｍａｃだと廉価版Ｍａｃの半分から10分の１以下の処理時間で済む。

観察部位に応じた最適な3次元化のしかた、腫瘍箇所がよくわかる裁断（断面の切断）のしかた、視認性が高い着色やリアルな着色（ＣＴ画像は白黒で描き出されるため、３Ｄ画像で表現される骨や筋肉、臓器の色はユーザーが設定した疑似色なのだ）……。学会でもだれも見たことがないようないろいろなバリエーションの画像をばんばん量産できるようになったのは、短時間にトライを繰り返し、失敗を重ねたことで身についたものだ。

二酸化炭素3DCT胆道造影法の発明

恩師の高田先生が開発した経皮的胆道ドレナージ法（ＰＴＣＤ）という手技は、胆管結石や胆管癌が原因で胆管が詰まり、閉塞性黄疸を起こした患者の腹部から胆道（胆管と胆囊）へ直接針を刺し、胆汁を体外に排出するという画期的なものだ。その後によく行われるようになった内視鏡的逆行性胆管膵管造影（ＥＲＣＰ）など、外科手術よりも侵襲性が低い手技が開発されるにつれ、ＣＴ画像の重要性や撮像頻度が増してきた。

ＣＴで胆道を鮮明に描出するには造影剤の注入が欠かせない。ところが撮像のために注入した造影剤が原因で胆道の圧が高まったり、胆道内の細菌が膵臓に押し込まれて広がったりして、患者が死亡する事故が発生したのだ。

胆道に圧力をかけず、しかも胆道をはっきり造影する方法はないものか。

エックス線が透過できない造影剤はＣＴ画像では真っ白に見える。逆に空気はエックス線が透過するので真っ黒になる。要はコントラストを利かせるのが目的だから、空気を造影剤代わりに用いる方法も考えられたが、胆道に送り込んだ空気が静脈に溶け込んだために空気塞栓を起こし死亡してしまう患者が現れ、このアイデアは禁忌となった。

血中に空気が入るのがまずいなら、そもそも肺から血液へ常に流れている二酸化炭素ならどうか。これが陰性造影法である。ラットを使い、実験で問題ないことを確認し、患者と施設の同意を得て二酸化炭素を注入してCT撮影したところ塞栓は起きず、胆管の微細な枝もきれいに描出できることがわかった。二酸化炭素は医療的に安全な気体で感染リスクがなく、しかも格安で入手できるとあって、うってつけの気体だった。

二酸化炭素を造影剤代わりに使う二酸化炭素胆道造影法は、100例の施行で合併症ゼロと安全性は申し分なかった。しかも二酸化炭素の注入のおかげで、感染した胆汁が排出されるなどの治療的効果もみられ、この研究成果をまとめた論文は多数の学会賞を受賞した。

研究成果が患者に届く喜び

二酸化炭素胆道造影法の研究成果に関連し、胆道と膵臓に二酸化炭素を投与してCT撮像し、立体的にデジタル再構成を行う、二酸化炭素造影MDCT膵胆道造影法（CO_2 MDCT cholangiopancreatography）を２００４年に考案、発表した。

胆道と膵臓に二酸化炭素を投与して得られたＣＴ画像を、ＯｓｉｒｉＸを使って自分で解析し、治療に適した画像に可視化するこの方法は、診断用画像と区別して治療用画像をつくりたい事情と、放射線科のスタッフに負担をかけることなく、外科医の望むタイミングで思う存分に３Ｄ画像を作成したい動機から考案したものだ。

血管や胆管が複雑に絡み合う迷路のような肝胆膵領域では、上下方向、手前・奥側の空間認識を失いがちだ。それゆえ、３Ｄモデルをぐるぐる回転させられるボリュームレンダリングが重要だった。

加えてＯｓｉｒｉＸには、３Ｄモデルから赤青のステレオアナグリフ式の３Ｄ画像をつくり、赤青メガネをかけて立体視できる機能が標準搭載されているほか、サイドバイサイドや偏光メガネで立体視できる拡張機能もある（こちらは私が技術顧問を務めるニュートン・グラフィックス社で独自開発した）のだが、これらは肝胆膵の位置関係を奥行きとともに把握するのにとても重宝した。赤青メガネや偏光メガネによるＯｓｉｒｉＸの立体視機能の活用は、まさにＶＲのシーズになるものだったといえるだろう。

ＯｓｉｒｉＸで再構成した３Ｄ画像を素材とした研究成果は、医学商用雑誌『消化器外科』に連載させてもらった（２００６年８月～12月号「肝胆膵イメージ解析の最前線」、

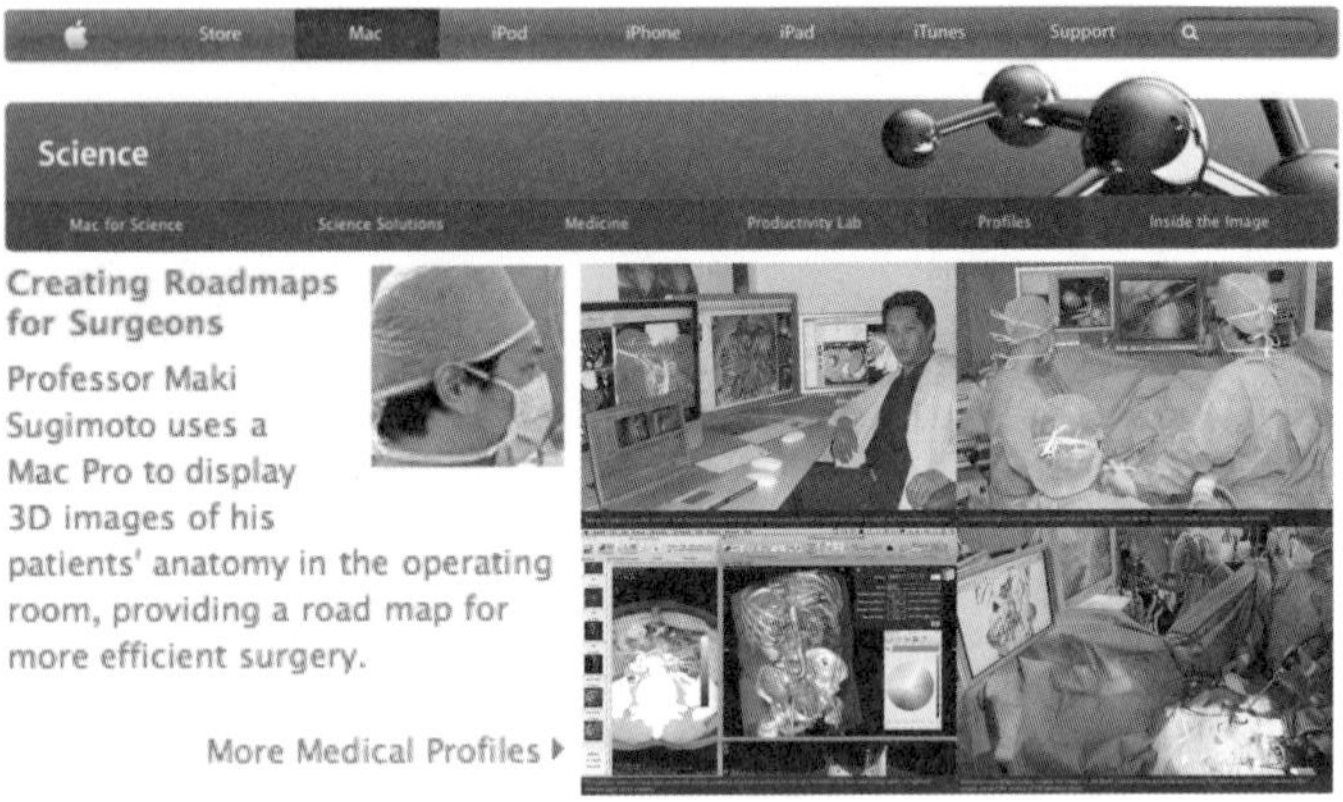

米アップル社のWebサイトに掲載された取材記事

２００７年２月～10月号「先進ＩＴ医療による消化器外科戦略」、２００８年８月号「胃癌の手術ナビゲーション」、２００９年５月～７月号「消化管・肝胆膵ベッドサイドイメージング」）。２００９年７月には、それらに加筆・再構成した単行本『消化管・肝胆膵 ベッドサイドイメージング』（へるす出版）を出版し３Ｄ画像の動画をＤＶＤで付録にした。

シリコンバレーからの誘い

こうして得られた成果を国際的に広げたいと思い、２００５年から２００７年まで毎年、北米放射線学会（ＲＳＮＡ）に参加した。学会に合わせて現地で開催された２００６年の国際OsiriX User Meetingでは、臨床現場、特に手術

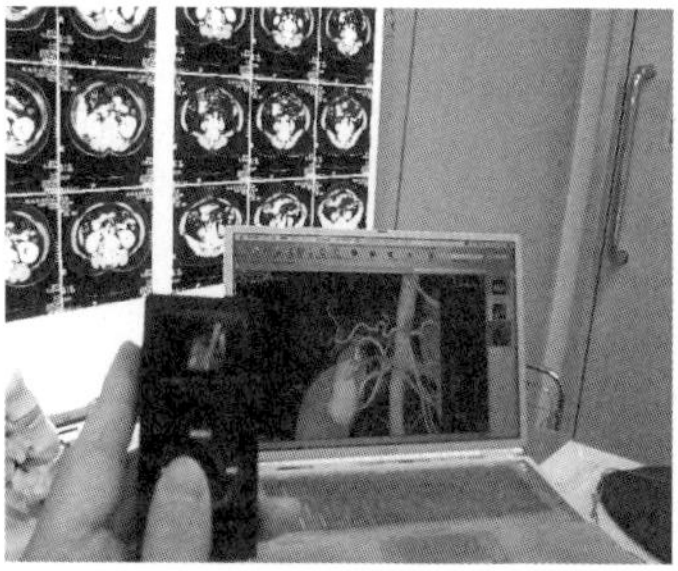

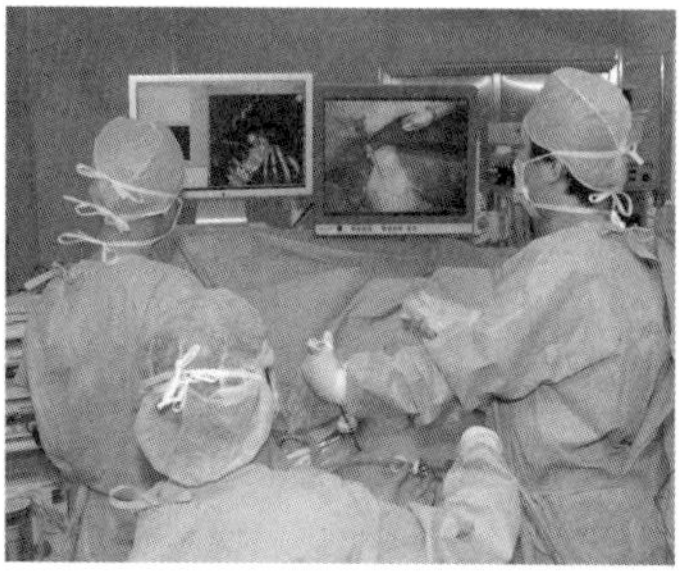

（左）iPod で閲覧できるようにした 3 次元の医用画像。ボリュームレンダリング画像をコマ撮りしたもので、パラパラ漫画のように動かす（右）滅菌バッグに入れた Wii リモコンを腹腔鏡カメラに取り付けモニタ映像を制御

でのＯｓｉｒｉＸ活用状況を発表したところ、これに関心をもった米アップル社の取材を受け、米国のＷｅｂサイトに掲載された。内容は、患者の腹部に３Ｄ画像を投影して腹腔鏡手術のナビゲーションをするものだ。

この記事を高く評価してくれたスタンフォード大学医学部のロイ・ソエティクノ准教授が米アップル社の仲介で私にコンタクトをとってきた。日本の学会発表で来日するついでに、私が勤務するちば総合医療センターを見学したいのだという。

この頃、ちば総合医療センターでは、患者の腹部に３Ｄ画像を投影するプロジェクションマッピング手術を盛んに行っていた。

ほかにも携帯音楽プレーヤー「ｉＰｏｄ」に３Ｄ画像をインストールし、診療所や往診先でも医用画像を見られるようにしたり、ゲーム機の「Ｗｉｉリモコン」

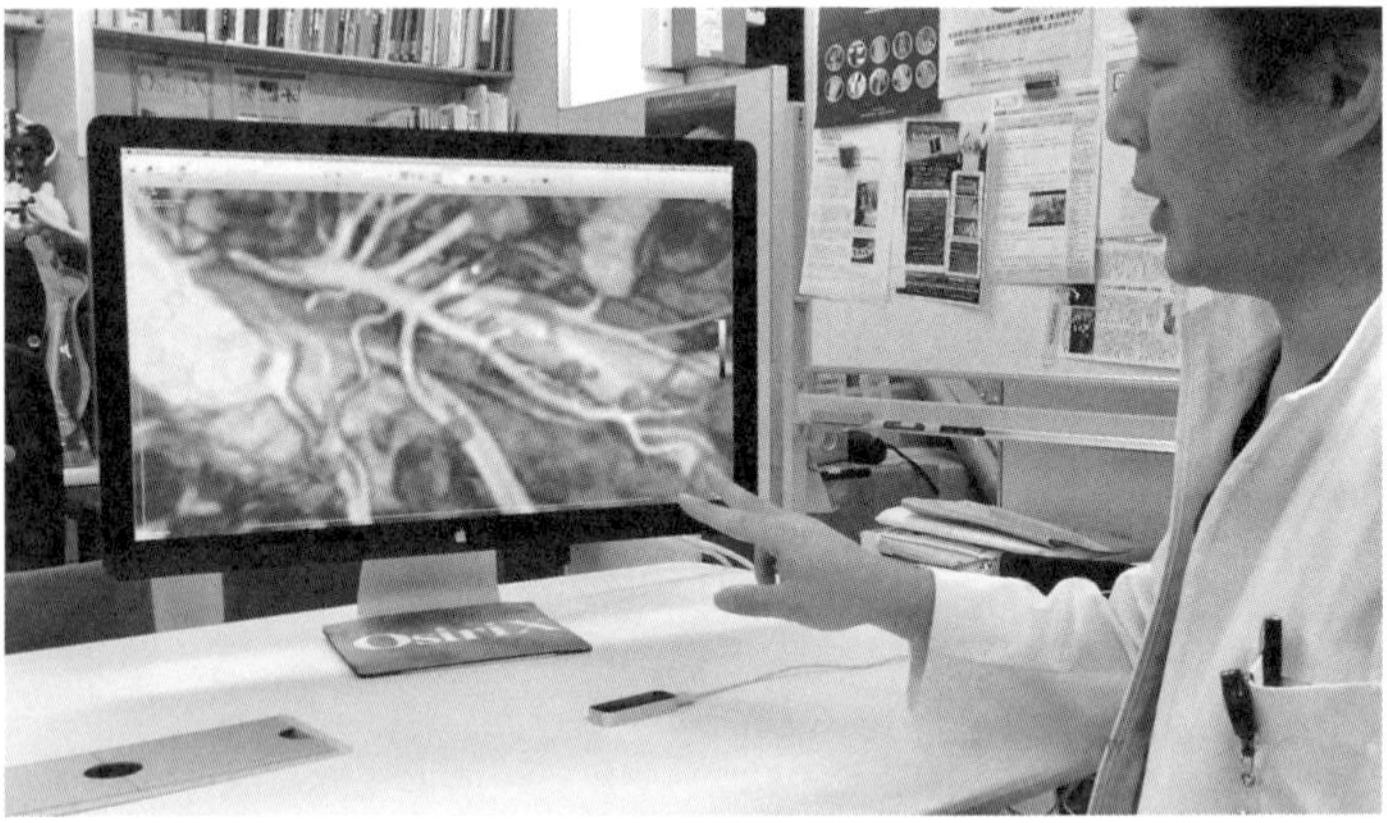

リープモーションによるジェスチャーで OsiriX を制御

を滅菌バッグに入れＯｓｉｒｉＸを手術中にコントロールしたり、腹腔鏡のカメラに取り付け、腹腔鏡の動きにナビゲーションの映像を連動させたりするような研究もしていた。

予算がなく高額な医療機器は購入できないが、アイデアと想像力を働かせて、応用できそうな民生機器や技術があればいろいろ試していた時期だ。

見学に訪れたロイには、無菌操作が要求される手術中に滅菌グローブを装着したままジェスチャーでモニタの３Ｄ画像を拡大・縮小したり、回転させたりする研究も見せた。これもパソコン用に安価で販売されていたモーションコントローラとＯｓｉｒｉＸを連動させて実現したアイデアだ。

ひととおり見学したロイは、「これはすご

い！　これらの技術をぜひスタンフォード大学に持ち帰りたい」と好奇心と興奮を抑えられないようすで熱っぽく語るのだった。

「マキ！　僕と一緒に、スタンフォード大学や、米国退役軍人局パロアルト病院で研究しないか」

スタンフォード大学とパロアルト病院はそれぞれ独立した施設だが、両者には、スタンフォード大学の医学部生がパロアルト病院で研修ローテーションを行ったり、スタンフォード大学の教員が医師として勤務したりする関係がある。ロイもスタンフォード大学で医学教育・研究をするかたわら、パロアルト病院で診療を行っていたのだ。

医局を辞める覚悟と片道切符の単身渡米

ちば総合医療センターの経営状態は３年ほどで改善した。そこへ今度は人員のスリム化を図る目的でリストラという指示が下りてきた。附属病院間の異動ではなく、附属病院内の希望退職者を募るということだ。

結果、私がリストラの対象として切られることになった。

「先生には申し訳ないが、市中病院に転職先を用意してやった。民間病院を経験するのもいいことだよ」

「ちょっと待ってください！　論文も多数残し、科研費（科学研究費補助金）も獲得した。後輩の教育や医局運営にも大いに貢献したと思います。３Ｄ画像を素材にした研究成果は医局のアピールにもなったはずです。その私がリストラの対象だなんて、納得いきません！」

上司に直談判した。しかし、「上から言われたことは絶対なのだ。私も上司の指示に従ってちば総合医療センターに来た。君の上司は私なのだから私の言うことを聞きなさい。院長に頼んで退職後の職場を確保してやったのに、それを断るとは何事か！」と、逆に強く叱責されてしまった。

「それならスタンフォード大学のロイが来いと言ってくれているので、米国への留学はどうでしょうか」

だめだった。反論の余地はまったくないようだった。

『白い巨塔』のドラマのような、医局制度というレガシーが色濃く残る時代では、医局員など将棋の駒にすぎず、自己主張したり造反したりするなどあり得なかったのだろうか。

話し合いを進めても、考え方の隔たりは結局埋まらなかった。

どうやらちば総合医療センターを辞めなければいけないようだ。民間病院に数年勤めて帝京大学附属病院に復帰できる可能性があるならそれもありか……。

実家が医業を営んでいるわけでもなく、帝京大学は関連病院も少ない。退路は断たれた。

迷ったら新しい道を進め

絶望的な気持ちを抱えてアドバイスを求めた中で、忘れられない恩人がいる。茨城県立中央病院名誉院長、現さいたま記念病院の永井秀雄院長だ。彼は日本で腹腔鏡手術を確立したパイオニアの一人だ。

知人の外科医の紹介で、当時、永井先生が院長を務めていた茨城県立中央病院に相談に行った。永井先生は茨城県立中央病院の経営破綻に際し、自治医科大学教授の定年まで数年残っているにもかかわらず辞職して院長に就任。経営を見事に立て直した人だ。

私の相談事をひとしきり静かに聞いた後、永井先生はこう言った。

「僕は迷ったら新しい道を選ぶんだよ。古いほうを選んでも変わらない。新しいほうには何かがある。それはよいことかもしれないし、悪いことかもしれない。しかし、新しいほうを選ぶようにしていると、必ず新しいことが起こる。君にとって新しいのはどっちだい？帝京大学に残ったり、民間病院に行ったりしても起こることはわかっているのだろう。君にとっては米国は未知じゃないか。チャンスだ、だから行っておいで」

そして、診療が終わった遅い時間にもかかわらず、その場で秘書に頼んで私の茨城県立中央病院外科の一員としての名刺をオーダーしてくれた。

「この紙に君のフルネームを書いて。秘書さん、これで彼の名刺をつくってください。今日から君は茨城県立中央病院の仲間だ。帝京大学を辞めてポストが日本にないと困るだろう。だからうちの職員を名乗っていいよ。何かあっても怖いことはないから、好きにやっておいで。だからといって絶対に帰ってこいとは言わない。米国には好きなだけいていいし、そのままほかへ行ってもいい。何かあったら拠りどころとして私がいるから心配ないよ」

救われた。心底そう思った。

茨城県のこの病院を立て直さなければ地域医療が崩壊する。こちらの使命のほうが社会的に重要だと思ったから教授職を辞めてきたのだと永井先生は言う。この外科医の心意気は、新しい未来へと私を突き動かした。

もし私が市中病院に勤めたとして市民のためにどれだけ役に立てるか、何人の市民の命を救えるか。

１人の医師が助けられる人数は限られている。私が米国に行って技術を磨き、患者だけでなく医師を助けることに還元できる方法を確立できれば、多くの医師がさらにたくさんの人を救え、しかも効率化できる。１人の外科医として手術するよりもはるかに世の中に役に立つ方法がある。これをやらなければならないのは当然、外科医だ。私はとてつもないことに気付いてしまった。気付いたことは、気付いた者が成し遂げなければならない。

２００８年６月末、医局を辞めた。

第5章

シリコンバレーから医〝領〟解放

観光客にIDカードは発行できない

日本から米国への留学にはJ－1ビザという交換交流プログラム用の査証が必要になる。J－1ビザを取得するには所属長の推薦状が必要だ。しかし、上司は推薦状を書いてくれなかったので、J－1ビザを取得することなく留学することになった。

実は、留学には定義はない。J－1ビザでなくとも、観光ビザによる渡航でも留学は留学だが、渡航費、滞在費とも自費でまかなわなくてはならない。

身分は退役軍人病院でのロイ准教授の私設研究員ではあったが、宿泊する場所も用意されず、住まいはスタンフォード大学前の学生向け安ホテル。米国の社会保障番号（social security number：SSN）ももっていない。

米国ではSSNがないと何もできないのだ。（就労できない観光ビザでの入国ということもあって）アルバイトもできず、クレジットカードどころか銀行口座すら開けない。私はそんなことさえ知らず、何もできない状態のまま米国に来てしまった。

パロアルト病院は、米国軍隊を退役した軍人とその家族・遺族への福利厚生の一環として医療を提供する医療施設だ。院内には多くのボランティアたちが働いている。そこで、

米国留学時代、退役軍人病院にて

留学の手引きをしてくれたスタンフォード大学消化器内視鏡科のロイとも相談し、ボランティアの形で内視鏡室のボスのところで研究することになった。

施設への入退室用IDカードをつくることになって申請書類を作成し、IDカード用の顔写真も撮った。いよいよIDカードが手渡される段になって、病院の事務職員から、「このIDカードと君をひもづけるもの、君が本当に杉本真樹であることを証明するものを英語で見せてくれ」と言われた。

パスポートは私が日本国民だということを証明してはくれるが、私の身分や所属は書かれていない。国際運転免許証もだめだ。SSNもない、J-1ビザさえもっていない。

職員はあきれたように、「観光客にIDカードは発行できないよ」と言い、IDカードは私の手に渡ることなく、目の前で廃棄処分されてしまった。

なすすべもなく、捨てられたIDカードを呆然と見守るしかなかった当時の情けない気持ちは今もって忘れられない。

入国審査で3時間放置

観光ビザの在留期間は最長90日間で、在留期限が近づくごとに一時帰国し、再入国しなくてはならない。

1～3カ月ごとに帰国を繰り返していたところ、サンフランシスコ空港での入国審査でとがめられた。

「観光目的で3カ月も滞在するのは怪しい。お前、入国したら絶対に就労するだろう？」と、別室送りにされた。宿泊先など準備は整えておくから軽装で来いよというロイの言葉に甘えたのが裏目に出て、滞在先の住所もホテルの名前も知らされていなかった。パロアルト病院でボランティアをしていると入国審査官に言っても、IDカードも、証明できるものも何ひとつもっていない。ロイに助けを求めようにも携帯電話さえない。

同様に不法入国や滞在を疑われた外国人がこづかれながら出入りする部屋に連行され、放置された。3時間あまり経っても進展しない状況にいら立った様子の入国審査官に「なんでもいい、インターネットにお前の情報はないか」と言われ、しかたなく米アップル社のWebサイトに掲載された取材記事を見せた。「オーマイゴッド！」。

当時つくったOsiriXチュートリアル

手のひらを返したように無事放免、米国入国がかなった。

留学の集大成OsiriX英語マニュアル完成

パロアルト病院ではロイと一緒に、消化器内視鏡科の画像管理システムと教育システムの構築に協力した。OsiriXの操作方法について、研修医を含む医師や看護師、コ・メディカルへのレクチャーも行った。毎回同じことをレクチャーするのも非効率なので、医療従事者向けのマニュアルとしてOsiriXチュートリアルをつくることにした。

よくある機能別に整理されたマニュアルではなく、「閉塞性黄疸の患者が来院したら」「上腹部痛を訴える患者が来院したら」というふうに、患者の病気・症状別にOsiriXで行う手順をまとめた医療従事者専用の英文チュートリアルをMac用のプレゼンソフトKeynoteでつくった。

視覚的なわかりやすさにも配慮して、アイコンやメニュー、リスト、ダイアログボックスのスクリーンショット、症例別の医用画像をたっぷり盛り込んでできあがった300ページのチュートリアルは好評で、やがて米アップル社の目にとまり、全米中に配布された。

あなたすごいことをしてるわね

スタンフォード大学でOsiriXについて講演した際、日本人留学生や学校関係者らもたくさん聴講に来てくれた。その中の1人に西野精治教授の奥様がいた。

西野先生はスタンフォード大学の医学部精神科教授、スタンフォード大学睡眠生体リズム研究所所長を務める国際的な睡眠研究の第一人者だ。西野先生の奥様はスタンフォード日本人会をまとめていて、日本人留学生の世話役をされていたのだ。

講演を聴いた奥様は、「あなたすごいことをやっているわね。それはぜひ日本の人にも知らせるべきだわ!」と感激した口調で言ったのだった。

ここから短期間のうちに起こったことは、人の縁というべきか、巡り合わせの妙というべきか、運命を感じずにはいられない。私の知らないところで私のことが話題になり、想像だにしていない方向へと歯車が動き出し、私の進路が決まっていったのは本当に不思議な思いがする。

奥様が自分のブログに「こんな先生の講演を聴いておもしろかったですよ」と書いた感想を、神戸大学の吉田優准教授がたまたま読んでくれていた。奥様と吉田先生はカリフォルニアワインの愛好者同士、お互いのブログで繫がっていたのだ。

神戸大学消化器内科特命講師を拝命

吉田先生が勤務していた神戸大学大学院医学研究科内科学講座消化器内科学分野消化器内科では、当時の東健教授をリーダーにＮＯＴＥＳ研究が進められていた。

ＮＯＴＥＳとは natural orifice translumenal endoscopic surgery の略で、自然開口部越経管腔的内視鏡手術といって、口や肛門、尿道などから内視鏡を入れ、消化管や尿路に穴を開け、腹部を手術する方法をいう。

神戸大学消化器内科では、このＮＯＴＥＳによって口から内視鏡を入れ、胃の粘膜から早期胃癌を剝《は》ぎ取る治療法に取り組んでいた。しかし、粘膜を剝ぎ取る過程でまれに意図せず穿孔してしまうことがある。その場合、通常は開腹して穴をふさぐ緊急手術が必要になる。そうした不測の事態でも内視鏡の先に取り付けたロボットハンドで穴を縫合できれ

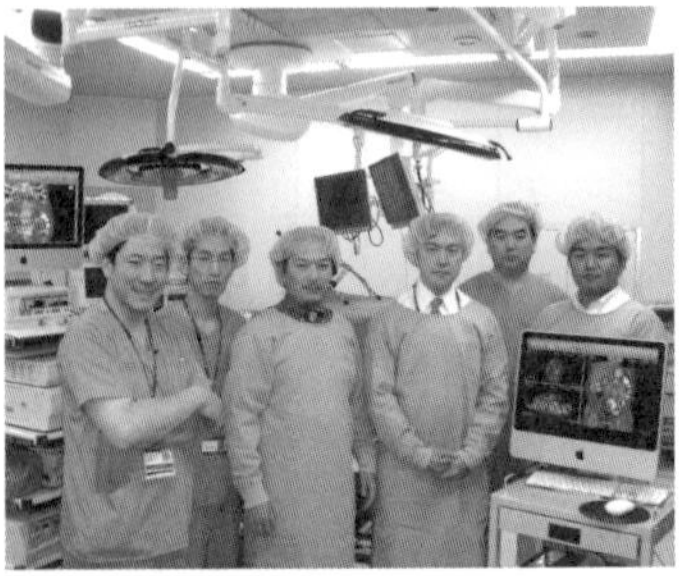

2008年末から2009年にかけて、日本各地の医療施設を講演して回った

ば、開腹手術は不要になるのではないか。

この内視鏡でロボット支援手術をする機器開発のアイデア「消化器内視鏡先端医療開発プロジェクト」が、国が公募していた先端医療開発特区（スーパー特区）に採択され予算がついた。

そんな折に吉田先生が私のことを話題にしたところ、東先生が「それはおもしろそうだね、杉本さんに神戸で講演してもらえないか」と関心をもたれたのだった。

予定していた一時帰国に合わせ、神戸大学での講演を約束して帰国したのが2008年末。リクルートも兼ね、医療関係の知人に声をかけて栃木〜東京〜淡路島〜広島〜四国を回って神戸に向かう講演ツアーを組み、大学医学部や医療施設で講演して回った。

講演ツアーとは別に、米アップル社から紹介されたアップルジャパン社とソフトバンク社のiPhone担当者などとイベントを企画したり、全国のアップルストアでレク

アップルジャパン社の企画で全国行脚

チャーしたりもした。マーケティング部門のスタッフたちとおそろいのスタッフシャツを着て、２００８年に日本で発売されたばかりの「ｉＰｈｏｎｅ ３Ｇ」のプロモーションを兼ねた医療者向けセミナーをして回ったこともあった。

　講演ツアーの最終目的地、神戸大学で講演をした後、東先生と私は、お互いの研究テーマ、関心領域について内容の濃いディスカッションをし、提案もした。米国ではＯｓｉｒｉＸによる医用画像解析や手術ロボット開発を研究していること、豚によるＮＯＴＥＳの実験も行っていたこと……。

「うちの講座は予算もあるし動物実験施設も整っている。内視鏡ロボット開発、ＯｓｉｒｉＸの研究も自由にやってもらっていい。杉本先生、ポストを用意するから帰国して神戸に来る気はありませんか」

　東先生はこのことについて朝日新聞の取材に答えて、「日本の医療現場では、残念なことに海外製医療機器

（左）東健先生と筆者（右）神戸大学の医局のメンバーと

のシェアが大きい。医師自身が開発に参加して、日本初の技術を作っていくべきだと感じていた。そのためにはやはり個人の能力が重要で、彼にはその力があると思った」「現場からイノベーションが生まれるようになれば、若い医師や学生の意欲は間違いなく上がるし、確実に患者さんのためにもなる。医療だけでなく、これからの日本にとってきわめて重要なことだと思っています」と語っている。

何を迷うことがあるんだ

講演ツアーには、UCLA内視鏡手術センターで外科医をしているカルロス・クラシア氏が同行していた。パロアルト病院で仲よくなった彼は、日本の医療状況を見聞したいと訪日し、私と一緒に大学や病院を見学しながら各地を回っていたのだ。

「カルロス、東教授からのオファーをどう思う？」

「ホワイ・ノット？」とカルロス。

「潤沢な予算があって、立派な動物実験施設があって、マキがやりたいことができて、ポストも用意してくれるという。しかも東教授は人徳も人望もある。こんなにいい条件はまずない。神戸大学でプレゼンしていたマキはいきいきしていて、ディスカッションもかみ合っていた。一緒に回ったほかの大学や病院も『すごい！』とほめてはくれたけれど、マキはきっと浮いてしまうだろうな。マキが能力を存分に発揮できる施設はここだけだよ」

暮れも押し迫っていたが、その帰路ににぎやかなイルミネーションで飾り立てられた三宮駅前の不動産店へ足を運んだ。２００９年４月からの新居となる物件をさくっと決め、その日のうちに前金も入れた。

茨城県立中央病院の永井秀雄先生に報告すると激励してもらえ、帝京大学の高田忠敬先生には推薦状を書いてもらって、神戸大学への就職が決まった。

医〝領〟を解放せよ

２００８年末に、神戸大学やほかの大学、医療施設を回った講演ツアーでは、ここまで述べてきたような経緯で、パソコンで動作する医用画像解析ソフトＯｓｉｒｉＸに出合ったこと、熱心に普及活動を行ったバックグラウンドには医療崩壊への危惧があること、その解決として「医〝領〟解放構想」を提唱するプレゼンを行った。

「医療」ではなく「医領」である。このテーマは講演を重ねるごとに、IT技術が進化して私たちを取り巻く環境が変化するにつれて補強され、バージョンアップしていった。

医〝領〟解放構想をかいつまんでいうと、こういうことになる。

ちば総合医療センター勤務時代に、東京と市原市周辺の房総半島の地域医療との間に存在する大きな医療の壁や格差を痛感した。問題の要因の1つに日本の現代医療の鎖国化がある。高度な医療機器、情報システム、医学的知識、医療技術など「医療の領域」が「医の聖域」として一部の大規模医療施設や、大学、企業などで独占されている。

診療科、地域、学閥同士の壁、行政、司法、官民などとの間にもさまざまな障壁がある。これを取り除かないと医療崩壊は免れない。医療鎖国を解決するには医療の領域「医領」を医師主導で解き放つべきだ――。

一貫したライフワーク

医〝領〟解放は、私の研究テーマや関心領域が変わり、医用VRベンチャーを起業して

横浜で開催した第1回 OsiriX Japan ユーザーミーティング

活動する今でも、変わらずもち続ける問題意識であり、私のライフワークだ。

医〝領〟解放の第一歩は、安価にだれでも入手できるパソコンなどの民生品を活用し、高額な医療専用システムでなくても医用画像が利用できるようにすることだ。ＯｓｉｒｉＸはその重要なキラーソフトである。

放射線科医がつくる診断用の医用画像ではなく、外科医自らが治療用の医用画像をつくれるようになる。この啓蒙のために私は、ＯｓｉｒｉＸのマニュアルをつくり、ＯｓｉｒｉＸ Ｊａｐａｎユーザーミーティングを開催し、セミナーを行ってきた。

この活動を通じて、私の専門の消化器外科以外の診療領域の医師、歯科医師、獣医師など医用画像を必要とする人々との交流もあった。

物体の非破壊検査を行う技術者、プロダクトデザイナー、プログラマーとも知り合った。異色の人では国立科学博物館でミイラ研究をする考古学者の坂上和弘氏、作家で病理医の海堂尊氏など、外科医を続けていればとうてい出会わなかったであろう人々との知己も得たし、私自身の活動フィールドも広がった。

そして活動は後述するＴｅａｍ医療３・０の仲間たちへと繋がった。

思えば、私が帝京大学附属病院を辞め、寄る辺ない気持ちを抱えながら単身渡米したときが医〝領〟からの解放だった。自分の中のワクはあのときに取り払われていたのだ。

スマートフォンで健康管理

スマートフォンやタブレットの普及で、人々はいつでもどこでも最新・最先端の情報やサービスに容易にアクセスでき、情報の共有が素早くできるようになった。医療情報に対しても、携帯情報端末によってだれもが手軽にアクセスでき、クラウドを介した自分や家族の健康管理が可能になることで、医療知識は一般の人たちにもっと行きわたる。

救急車の要請の増加や、救急車出払い問題の一因は、軽症者による救急要請である。病気やけがについての知識が乏しくて救急車を呼ぶべきかそうでないかの判断ができないのは、身近な相談相手や手軽に利用できる医療情報がないからだろう。

個人の医療情報を個人でも管理でき、病気に関する知識や治療法、予防から早期発見のコツ、医療施設情報や保険料など、あらゆる情報を提供し共有できれば、国民の健康意識も高まり、病気にならないような社会を形成できる。国民医療費の削減や、医療崩壊の一因である医療従事者の過酷な労働環境の改善に繋がることで、日本の医療全体の底上げが期待できる。

2011年に受けたインタビューで私は、「在宅医療や在宅介護でのiPad／iPhone活用も注目されるテーマだ。（中略）患者やサービス利用者の自宅にもiPad／iPhoneが配備され、通信機能を使って健康状態や服薬状況を把握したり、FaceTimeなどを利用して互いの顔を見ながら血の通ったコミュニケーションが行えたりするようにすれば、孤独死を防げる。課題は患者宅にどう配布するかだ。患者に購入してもらうのはすぐには無理にしても、貸与などは考えられないだろうか」と述べている。

高齢者の孤独死はなお対策が講じられるべき現代的な課題だが、スマートフォンは10年も経たずして、もはや生活必需品といえるほど広まった。「貸与ででも配布を」と願っていた私の心配は取り越し苦労だったわけだ。

今や血圧や心拍数、血中酸素濃度（経皮的動脈血酸素飽和度：SpO_2）、心電図を計測で

東京・初台のアップルジャパン本社で行ったイベント

きるスマートウォッチさえ登場する時代だ。

ＩＴ利用で世の中をよくしたい医療者たち

２０１０年４月にアップルジャパン本社で「iPhone in Medicine（診療現場にｉＰｈｏｎｅを）」と題したイベントを開催した。私が司会・進行、講演をしたほか、実際にｉＰｈｏｎｅを活用している医師らに登壇してもらった。それを見て声をかけてきたのが、当時アップルジャパン社のマーケティングを担当していた畑中洋亮氏だ。

ｉＰａｄが日本で発売された２０１０年、畑中さんは国内の医療市場でのｉＰｈｏｎｅ／ｉＰａｄ需要を開拓するプロジェクトのリーダーを務めていた。彼のリサーチによると、ｉＰｈｏｎｅで日本の医療をよくしたいと考える医療従事者が全国で同時多発的に活動しているという。医〝領〟解放構想を唱え、スマートフォンによる医療現場の改善を講演していた私も、畑中さんのアンテナに引っかかったというわけだ。

私に会いに来た畑中さんは、「それらの医療従事者らはＩＴの利用で世の中をよくしよう、医療をよくしたいという思いは共通するものの、ばらばらに活動していてもったいない。実はすでにリサーチしている人が数人いて、この人たちをまとめてコンソーシアムをつくりたい」のだと熱弁した。

コンソーシアムをつくった後は何をするのかと私が問うと、「僕が場所を用意して、ＩＴで医療をよくする会をイベントとして企画します。そこに集結してもらって団体を立ち上げるお披露目にしましょう」と言う。

デジタルで医療をバージョンアップ

畑中さんが声をかけて集めたメンバーは、高尾洋之氏、狭間研至氏、遠矢純一郎氏、片山智栄氏、金井伸行氏、姜琪鎬氏、宮川一郎氏、網木学氏、堀永弘義氏、そして畑中さん、私の11人。みんな現役の医師、看護師、薬剤師兼プログラマーである。団体の名前は畑中さんの発案で「Ｔｅａｍ医療3・0」となった。

医領解放
Team 医療 3.0
—日本医学の更なる向上を目指して—
Home
About us
News
Contact us
医領解放
Team 医療 3.0
日本の医療界は、医薬品・医療機器・情報システム・医学知識・医療技術・人材登用など、ヒト・モノ・カネ・情報のあらゆる部分で鎖国とも呼べる聖域意識をもって歩を進めてきました。しかし高齢社会到来により、急激に旧来モデルが通用しなくなり、医療従事者自身も閉塞感に包まれています。我々はいま"医の聖域"と一般社会の壁を取り除く「医領」解放構想 ＝「医療3.0」を掲げ、次世代の医療環境を実現する志を持つメンバーが集う"チーム医療3.0"として立ち上がります。現場からの変革を起こすべく、考えて・行動する「考動力」を持って活動して参ります。

Team 医療 3.0 のメンバーたち

なぜ「医療３・０」という命名になったのか。２００５年頃からインターネットの新しい利用法を指す「Ｗｅｂ２・０」というキーワードが生まれ、何かにつけてナントカ２・０とネーミングするのがはやっていた。

命名者の畑中さんによれば、「革新性」「世代交代感」「期待感」を込め、バージョン２・０の次の３・０としたとのことで、

●医領１・０：18世紀までの、民間伝承を中心とした経験則をもとにしたアナログな医療

●医領２・０：18世紀から20世紀後半あるいは現在までの、工業化された医療、ヒエラルキー化された医療従事者〜患者

●医領２・ｘ〜：混乱の時代

だと後に述べているが、いささかこじつけ気

味であるとは本人も認めている。

もっともメンバーの1人、外科医の狭間さんが2008年に『薬局3・0』（薬事日報社）という著書を出版していて、薬剤師のキャリア形成や、ITを利用して薬局自体をバージョンアップすることを指して薬局3・0と総称していた。医療3・0がこれに多分にインスパイアされたことは確かだ。

Team医療3・0のビジョン「社会が医療を担う」

医療3・0のビジョンは次の6つだ（Team医療3・0〈著〉、杉本真樹〈編〉『ITが医療を変える　現場からの課題解決への提言』〈アスキー・メディアワークス、2012年〉より引用）。

①情報時代を前提に、医療の仕組みを再構築しよう。
②効率化のためのICT（OA化）ではなく、仕組みを変える手段としてICTを活用しよう。
③個人レベルで民主化されたテクノロジーが駆使できることを利用しよう。
④仕組みを変えたことにより、本来の医業にかかわる人間が働きがい・喜び・誇りが持

てる現場を創ろう。

⑤医療をきっかけに、教育、日本の産業も次世代へ連れて行こう。

⑥我々の世代で投資した医療費は、すべて次世代で取り戻そう。

２０１０年９月、アップルストア銀座にメンバーが集まり、「iPhone/iPad in Medicine：医療３・０」をテーマに、各メンバーが医療現場で実践している携帯情報端末の活用例を発表した。Ｔｅａｍ医療３・０としての活動をスタートさせたのだった。

同年11月には、ソフトバンクの孫正義社長（当時）の呼びかけで、Ｔｅａｍ医療３・０のメンバーと孫さんとの対談「ＩＴで医療は変わるのか?～孫正義と９人の医療従事者が徹底討論～」を行い、その模様はインターネット配信された。

Ｔｅａｍ医療３・０には現在、闘病などが理由で活動を休止しているメンバーもいる。しかしうれしいことに著しい回復をみせており、社会復帰もみえてきたと聞く。ほかのメンバーも個々に目覚ましい活躍を続けている。Ｔｅａｍ医療３・０の活動再開も近いだろう。

Ｔｅａｍ医療３・０の次なるターゲットは、

●医療４・０：「絶対的な産業競争力のあるポジショニングを確立」「医療福祉の産業化モデルを確立し、外需を得る」「教育と科学技術研究およびインフラ整備を推進」

だと、前出の『ＩＴが医療を変える』で述べている。

アップルストア銀座で講演する

私が行っている研究や事業に医療4・0を当てはめると、医用VRの産業化、XRを活用したオンライン診療の本格化と普及、そして医療と健康の境界もなくなり、患者が自立成長できる「医師のいらない」社会ということになるだろう。

第6章

VRの社会実装が患者と医療を救う

3Dプリンタ生体質感臓器モデルの開発と事業化

神戸大学では特命講師、後に特務准教授として8年間、臨床、研究、研修医や大学院生の指導に当たった。科研費も多数獲得し、さまざまな民間企業との共同研究もした。

阪神・淡路大震災後に神戸が目指した「医療産業特区」に関連して、産学官プロジェクトである「スーパー特区プロジェクト」や消化器内視鏡先端医療開発プロジェクト、「神戸大学生命医学イノベーション人材養成プロジェクト」など、数億円規模の国家プロジェクトにもかかわった。私が担当した手術ナビゲーションシステムやロボット手術の開発では、数多くの特許も取得できた。人材の育成も含めそれなりの成果は上げられたと思う。

並行して、OsiriXで再構成した患者の臓器の3D画像を腹部に投影して行うプロジェクションマッピング手術の臨床応用と改良、臓器の3D画像を3Dプリンタで出力する立体造形技術の開発は引き続き行っていた。

プロジェクションマッピングでは手術前に患者のCT画像から3D画像をつくって小型のプロジェクタで投影し、腹腔鏡手術や開腹手術のナビゲータとした。ハンディサイズの3Dスキャナで開腹状況を読み取って術前の3D画像と比較対照し、腫瘍の正確な位置を

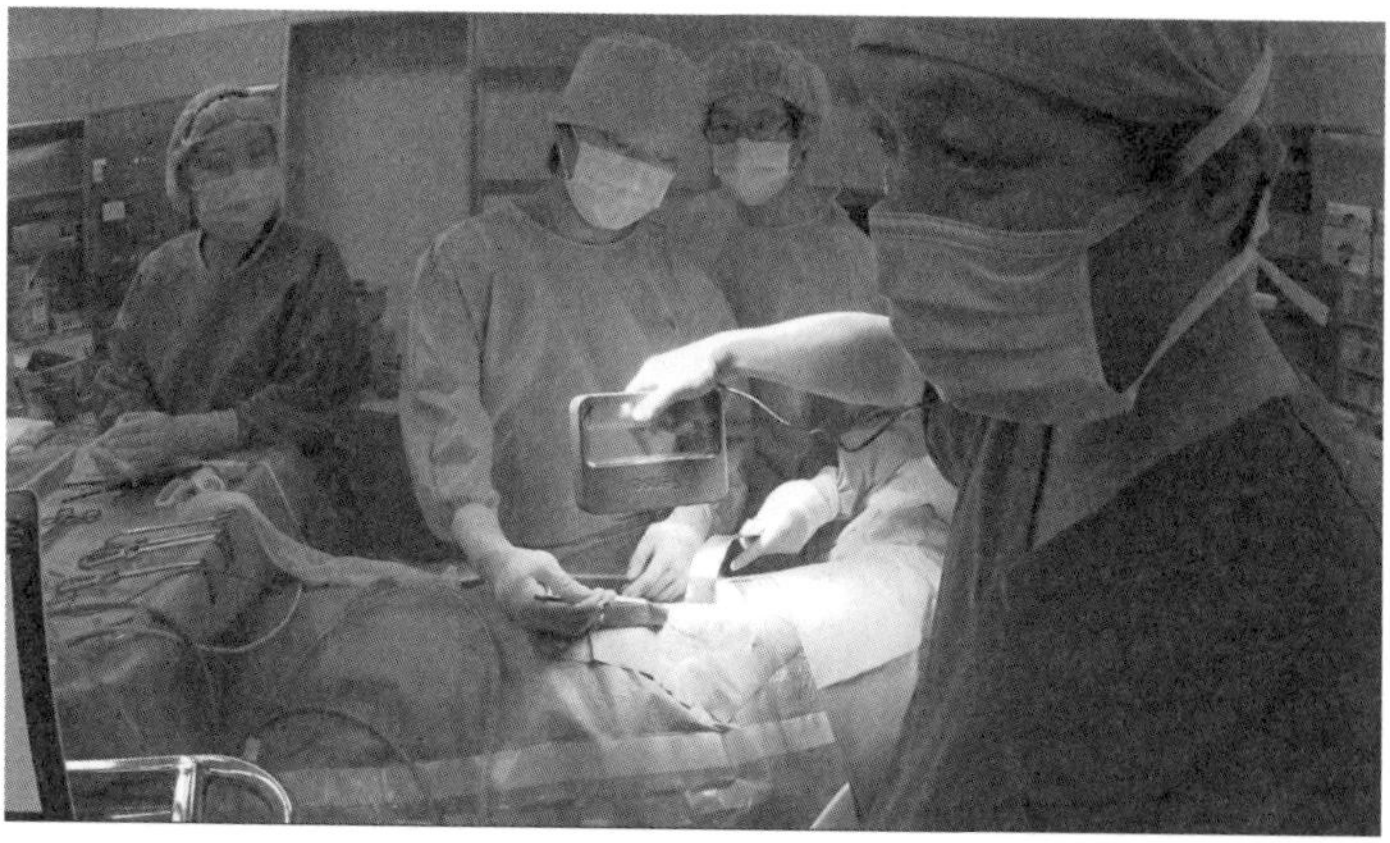

3D スキャナで開腹状態をスキャンする

追跡するようなことも試みていた。

神戸での最も大きな成果は、３Ｄプリンタによる臓器の立体造形の事業化だ。ファソテック社と共同で生体質感造形「BIOTEXTURE®」を開発し、特許や学会賞をはじめビジネスのノウハウを得た。３Ｄプリンタで直接プリントする硬質な透明の立体臓器モデルとは別に、患者の臓器画像を反転して造形した型モデルに、液体糊の主成分と同じポリ酢酸ビニル（ＰＶＡ）を流し込んで製作する手法と素材も新開発した。

人体の肝臓の生体質感造形モデルは赤黒い色味で、牛や豚のレバーでなじみ深いプルプルした質感や触感まで再現できた。製品は全国で市販され、術前の検討や解剖教育、メスで切開すると出血を再現できたり縫合したりするような手術トレーニングやシミュレーションで利用さ

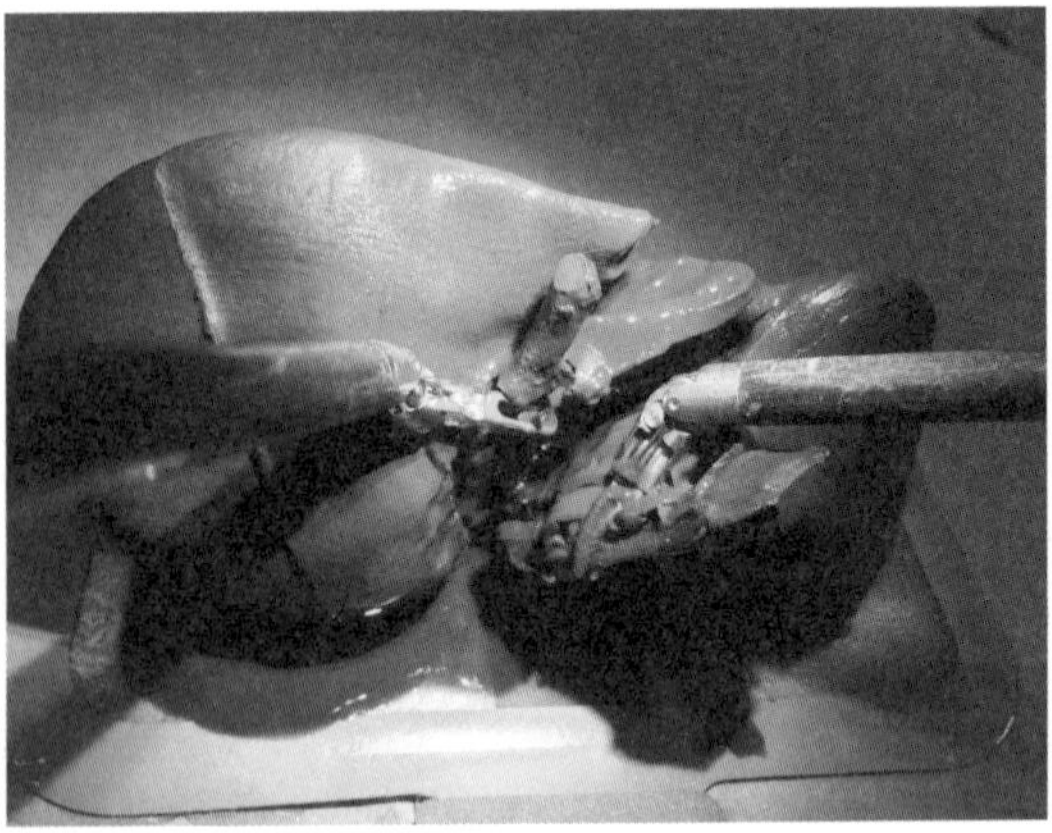

ファソテック社と開発した生体質感造形技術で製作した肝臓モデル。出血も再現

れた。今では多くの学会や医療機器メーカーが、手術デモンストレーションや手術トレーニングを行う際にBIOTEXTURE®モデルを利用しており、この研究開発は着地点として1つのスタンダードを確立できたと思う。一連の経験を通じてプロジェクトを事業化することの難しさと成し遂げる喜びを覚えた。

2017年、国際医療福祉大学が千葉県の成田キャンパスに医学部を新設することになった。医学部の新設は1954年に設立された琉球大学医学部以来三十数年ぶりのことで、東北医科薬科大学（旧称・東北薬科大学）に続き、国際医療福祉大学の医学部設立が認可されたのだった。

その国際医療福祉大学名誉学長、北島政樹先生から直々に医学部の立ち上げへの協力依頼と

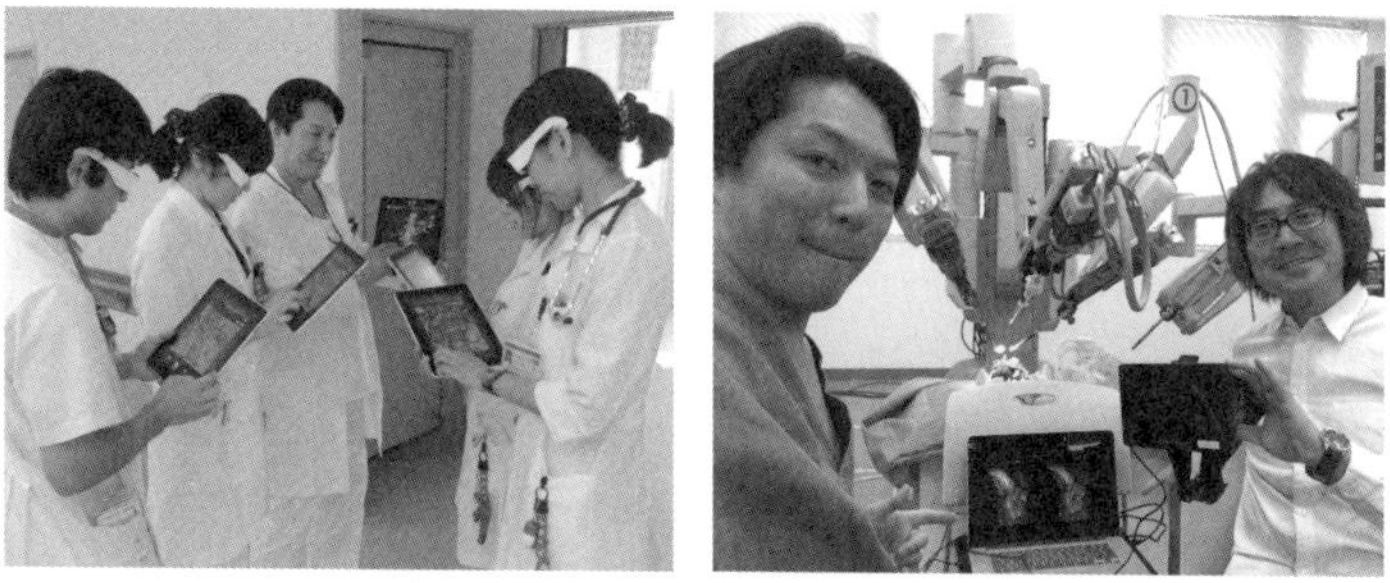

（左）iPadの3D画像を素材に赤青メガネをかけた神戸大学医学部生たちとディスカッション
（右）神戸医療機器開発センターのda Vinciで谷口さんとVR内視鏡を開発

ともに准教授のポストをもらい、長年お世話になった東先生にお伺いを立てて、神戸大学から国際医療福祉大学に移る決心をした。

東先生の専門は消化器内科だったが、当初は外科を志望していたのだと、いつだったか語ってくれたことがある。

「私たちが研究している消化器内視鏡治療では外科的なこともやっていきたい。消化器内科に所属する外科医は日本にいないが、私たちには内科と外科の壁を越える存在が必要なんです。杉本先生、私たちと一緒に内視鏡ロボットを開発していきましょう」

熱意を込めて神戸大学に誘ってくださり、研究も講演も思うままにやらせてくれた東先生のこの言葉を忘れることはないだろう。

東先生は２０１７年４月５日、無情にも膵臓癌にて61歳で永眠された。心から哀悼の意を表します。

国際医療福祉大学大学院医療福祉学研究科准教授を拝命した私は、翌2017年4月に控えた医学部開講の準備に追われていた。教育カリキュラムの編成のほかにも、社会人を対象にした公開講座、企業との共同研究なども行った。

ポリゴンになればこっちのもの

フリーランスのゲームプログラマーと出会ったのは、神戸大学を辞めて東京に移住する少し前のことだ。私がTwitterでプロジェクションマッピングや3Dプリンタで臓器をつくったことをツイート（つぶやき）していた2016年夏頃、突然知らない人からメンションをもらった。「話が合いそうなので、会いませんか」と。

SNS（ソーシャル・ネットワーキング・サービス）、特にTwitterを日常的に楽しんでいる人には不要だろうが、簡単に説明しておくと、メンションとは、不特定多数を相手につぶやくTwitter本来の機能とは別に、Twitterユーザー相手に直接メッセージを送る機能やその行為のことだ。

私は基本、生活雑感をつぶやくことはしないし、意見表明や批評もしない。取り組んでいること、目新しい事実や技術などの発信が中心だ。

Ｔｗｉｔｔｅｒは、Facebookなどと比べて話題やキーワードで検索されやすいＳＮＳで、私がつぶやいた情報に興味をもってくれた人が集まりやすいメディアだ。反面、事実を正確に説明したり、技術を掘り下げて説明したりするのには向かない。言葉足らずのつぶやきがときに誤解や炎上を生む。だからＴｗｉｔｔｅｒはそういう性質のツールなのだと割り切って利用している。

実際、そうした私のつぶやきに興味をもったテレビ局や新聞社、出版社から、出演や取材の依頼が来ることもあるし、未知の人との交流が発展してコラボレーションに繋がることもある。

「ＯｓｉｒｉＸというソフトがポリゴンデータを出力できるなら、ＶＲコンテンツを簡単につくれますよ。ポリゴンになれば、こっちのもんですよ」

すごいことをさらりと言う人だな、と思った。過去のツイートを読むと、彼はどうやらゲームプログラマーらしい。

赤青メガネや偏光メガネで３Ｄモデルを見る立体視はＯｓｉｒｉＸでもなじみがあった。初めてＨＭＤをかぶってＶＲを体験したときには、直感的に、医用画像にこそこれを活用すべきだと思った。医用画像をＶＲで体験したら３Ｄモデルはどんなふうに見え、どんなことが可能になるのだろうか。

ここでポリゴンとポリゴンデータについて補足説明しておく。

ポリゴンは、物体をハリボテのように表現するデータ形式だ。ゲームのキャラクター、映画やアニメーションのCGでよく利用されている。ポリゴンで表現された物体を拡大して見ると、小さな多角形のパッチが寄り集まっているのがわかる。

OsiriXにも再構成した3D画像をポリゴン形式でファイルに書き出す機能が搭載されており、書き出した内臓や骨の3Dモデルは、VR画像に加工したり、3Dプリンタでプリントして立体造形したりできる。

3Dゲームエンジニアにネットナンパされる

このプログラマーはどこに興味を引かれて私にメンションを送ってきたのだろうか？

後日聞いたところでは、小学館の『家庭医学大事典』のデジタルデータを使った新サービスの企画調査で、インターネットの医療情報をリサーチしていたところ、私のインタビュー記事に行き当たったのだそうだ。一読して「この人はおもしろそうだ」と感じ、私のTwitterアカウントを検索してメンションを飛ばしたのだという。

彼の提案とプロフィールにピンときた私もすぐに返信をし、3日後に会う約束をした。

当時は、東京の病院の依頼で毎週上京し、手術ナビゲーション用の3D画像をつくって手術助手を務め、週末には神戸へのとんぼ返りを繰り返していた。

彼と初めて会ったのは、そんな神戸と東京の二重生活を送っていた週末、深夜の東京のカフェだったと思う。その後はファミリーレストランでも熱く語り合った。

プログラマーというと、オタク、むさ苦しい人が多いと思い込んでいた（失礼！）私にとって、彼、谷口直嗣さんのファーストインプレッションは「無邪気で屈託のない人」だった。

仕事で出会ったことがあるエンジニアの多くは、私の話を聞き終えると「で、予算はいくらですか」と返してきたものだ。「報酬が100万円なら、100万円分の仕事のみきっちりします」というスタンスだ。

誤解がないようにいっておくが、私はそういうスタンスを批判したり非難しているわけでは決してない。仕事のプロフェッショナルを自任するなら、ましてやフリーランスで活動するエンジニアなら当然の対応だと思っている。

それだけに金銭の話をまったくせず、「ああ、いいですよ」「やってみましょう。楽しそうですね」と気軽に引き受けて、乗ってくれる谷口さんの反応は新鮮だった。金にがつがつせずスキルが高い人、フットワークが軽くて自由なマインドの人。そんな印象を強く抱いた。

医用画像VRに没入

谷口さんはまだ市販されていない開発用のＨＭＤをもってきていて、その場で彼がつくったユニークなＶＲアプリをデモンストレーションしてくれた。一方、私は持参したノートパソコンで３Ｄ画像を見せた。ＯｓｉｒｉＸでＣＴ画像をボリュームレンダリングし、目の前でくるくる回して見せた３Ｄ画像に、谷口さんは俄然興味をもったようだった。

「この画像をＶＲにしたら僕（谷口）も発表していいですか」

「もちろんかまいませんよ」

「そんなに簡単に医療の画像をやり取りして問題ないんですか」

「だって私（杉本自身）のＣＴデータですから。エックス線写真やＣＴ画像は個人情報保護法で取り扱いが厳格化されているけど、本人の同意があれば利用したり第三者に提供したりしても問題ないんですよ。なんなら今度、谷口さんのＣＴも撮りましょうか」

「それはぜひ！」

こんなやり取りをしながら互いの関心領域を話し合うなかで、私がｄａ Ｖｉｎｃｉによる

谷口さんと筆者。
「一緒にVRスコープをつくろう」セミナーでレクチャーする

ロボット支援手術のナビゲーションにOsiriXの3D画像を利用していること、da Vinciで見える術野は立体なのに対し、OsiriXの3D画像は平面のモニタで表示するために立体の形状認識がずれて困っていることなど、抱えている課題を話した。サンプルとして、私のCTから作成した臓器のポリゴンデータをいくつか彼に渡した。

「今度、医用画像をHMDで見られるようにしてきます」

谷口さんはそう言い、別れたのだった。

その数日後。谷口さんは、私自身の医用画像のポリゴンデータを使ってVRアプリをつくってきた。

HMDをかぶってVRアプリを見ると、頭蓋骨や胸腔の奥側まで立体的に見える。顔を

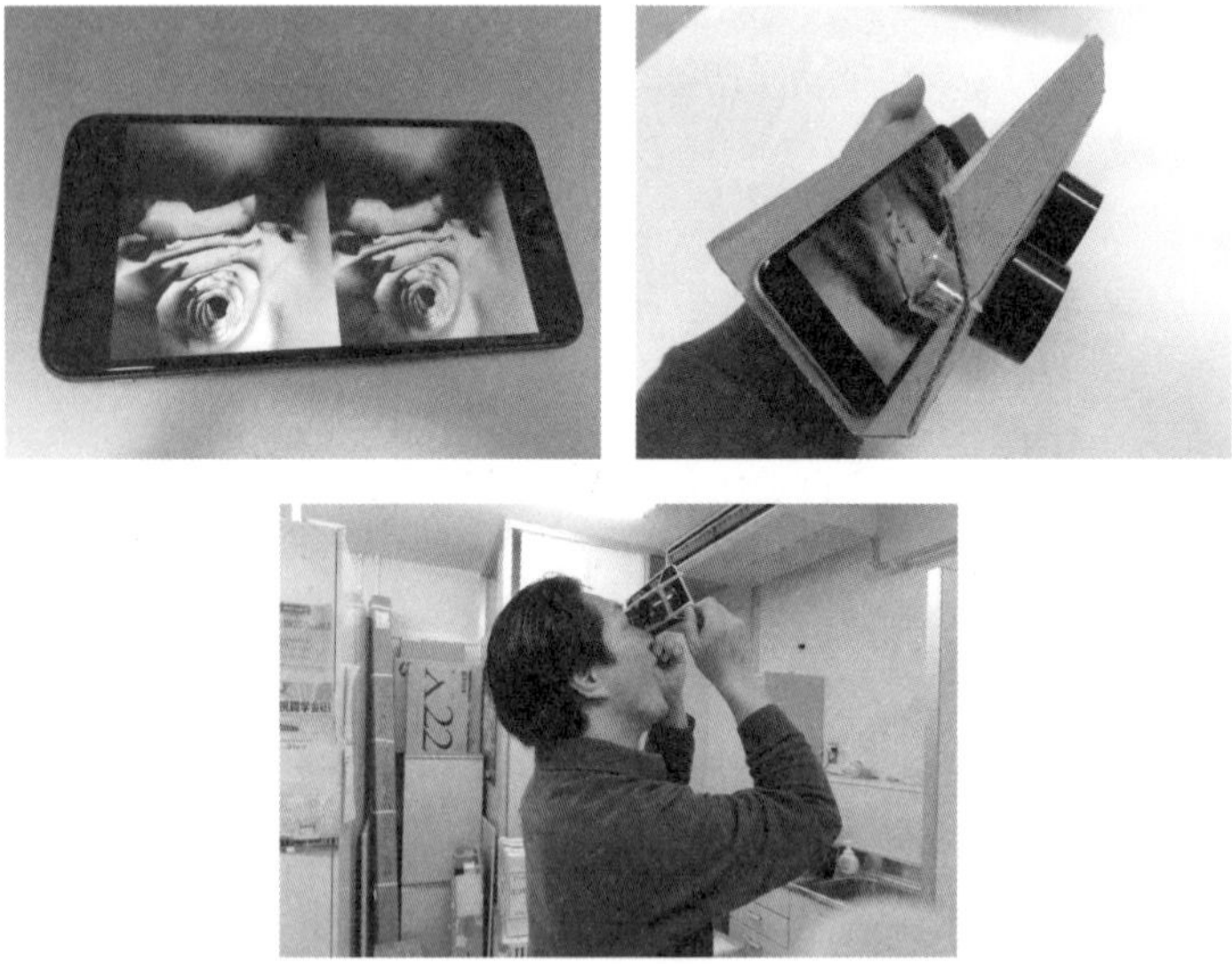

谷口さんと初めてつくった医用VRアプリ「Vio－VR」

傾けるようにすると骨格の体側が、のぞき込むと骨盤に収まっている臓器がぐんぐん迫ってくる。

　谷口さんと出会い、インパクト満点のVRアプリに遭遇しなければ、ベンチャーを起業することはなかった。VRによる手術ナビゲーション技術をリリースして、世に問うこともなかったろう。

　私は病院や教育機関の中の世界しか知らなかったが、そこからもっと広い世界、ゲームやコンテンツ開発でしのぎを削る、エンターテインメントの技術や知見の世界に引っ張り出してくれたのは、谷口さんだ。

その道のプロと組む

それまでも大手企業から中小のメーカーまで、ビジネス上の協業の提案はたくさんあった。多くの場合、商談は「予算はどのくらいでできますか」「会社の売り上げにどれだけ貢献しますか」とか、「いくら売れるんですか」から始まる。

谷口さんにはまったくそういうことがなかった。「おもしろそうだからやりましょう」。それで本当に手術で実際に使えるものをつくってくれた。

ムンテラ（患者説明）で本人のVRアプリを見せると患者が感心して見入り、周囲の医師もすごいと驚くさまを見て「これだ」と思った。最初はビジネス抜きに始めて後からビジネスにできることに気づいた特殊なケースかもしれない。

谷口さんは後日、メディアの取材に答えて、「立体のものを3次元で見るというのは、つまりVRということ。医療技術の向上にVRは何かしら使えると思った」「ゲームのテクノロジーやプログラマーのスキルは高くて汎用性もある。便利で安価で汎用的なテクノロジーを医療分野に持ち込んだら、おもしろいんじゃないかと思った」と語っている。

医師自身がプログラミングすることは、必須ではない（たとえばＯｓｉｒｉＸのコードリストには私が技術顧問を務めるニュートン・グラフィックス社として署名がある。私のアイデアから生まれた協同開発コードももちろん含まれている)。

大事なのは「その道のプロと組む」ということだ。お互いのプロフェッショナルな部分を共有すれば、アイデアに技術や知識が加わって、目指す階段を一気に駆け上がる力になる。そして、自分と組むことで相手が得られるメリットを常に提供できるようになることも大切だ。

スマホで学べる人体解剖VRアプリ

谷口さんは大学の工学部で構造力学や流体力学を学び、卒業後は日本総合研究所に就職。プログラマーとしてCGプロダクションに転身した後、フリーランスで任天堂の家庭ゲーム機「NINTENDO64」や「Wii」のゲームソフト開発に携わっている。

「セカイカメラ」というアプリをご存じだろうか。日本でiPhoneが初めて発売された翌年の2009年、頓智ドット社(現tab社)が発表したアプリで、iPhone内蔵のカメラを通じて画面に取り込んだ実際の景色の上に仮想のタグを表示するというものだ。「エアタグ」と呼ぶタグには、場所や建物、ショップに関連する文字や画像、音声などのメタ情報を表示できる。ARを体験できるスマートフォンアプリの先駆的存在だ。このセカイカメラ開発にも谷口さんはかかわっていたことがある。

私が谷口さんにOsiriXの操作や医用画像の構造、ボリュームレンダリングによる3D画像再構成の方法を手ほどきすれば、谷口さんはそのデータを使ってあっという間にVRアプリをつくってみせる。

当初は、スマートフォンを装着するタイプの簡易的なゴーグルで楽しめるVRアプリをつくっていた。やがて私の臨床研究用のVRアプリ制作に着手するようになる。

手術前のわずかな時間に手術室で、患者本人のCT画像からVRアプリを制作。HMDで手術部位を観察できるシステムづくりと手順を確立していった。

ところで、当時は患者ごとに一点物のVRアプリをつくっていた。スマートフォンのゲームアプリのように「患者Aさん専用VRアプリ」「患者Bさん専用VRアプリ」といった具合だ。

制作プロセスをもう少し細かに説明すると、患者のCTやMRI画像などのDICOMデータをOsiriXに読み込み、ボリュームレンダリングを実行してできた3D画像をポリゴンデータで書き出す。書き出したポリゴンをUnityというゲームエンジンで読み込み、視差を調整するなどしてからビルドを実行する。この工程を経てVRアプリが完成する。

場数を踏めば熟練こそするものの、いちいち手作業で行っていたらとても数はさばけない。後に医用ＶＲサービスを公開するにあたって、この工程はクラウドサーバで自動処理し、利用者には３Ｄモデルデータだけをダウンロードしてもらい、専用に開発したＶＲアプリで実行してＨＭＤで見る方法に改めた。

医療者向け手術用ＶＲアプリ

手術室でつくるＶＲアプリは、手術に関係する執刀医のほか、助手、看護師などスタッフにもＨＭＤを装着して見てもらうためのものだ。

体表からの深さ、周囲の組織との関係なども含めた腫瘍の位置の把握、血管からの出血、神経損傷を回避できる安全なアプローチ、摘出する腫瘍のサイズと形状の確認……。ＨＭＤを装着することで、奥行きを感じながらこれらを観察できる。顔を上下左右に振ったり、回り込んだりすることで、頭側、尾側、腹側、背側の任意の３６０度全方位から見られる。

なかでも、腹部に開けた微小な穴にカメラや器具を挿入し、モニタに映し出されたカメ

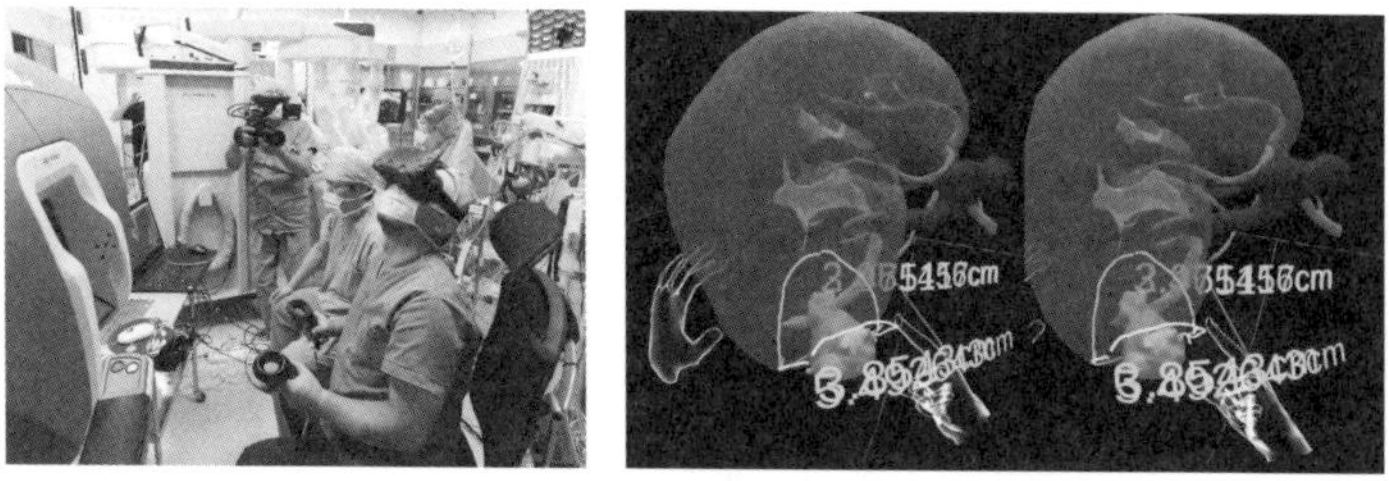

（左）da Vinci サージョンコンソールで HTC VIVE を装着した
NTT 東日本関東病院泌尿器科の志賀淑之先生（右）HTC VIVE で見ていた VR アプリ

ラ映像を見ながら手術する腹腔鏡手術、同じく穴に差し込んだロボットアーム先端の鉗子をサージョンコンソールという操作盤から遠隔操作するｄａ Ｖｉｎｃｉでの効果は抜群だった。

患者の体内は皮膚や筋肉、脂肪などがあるために不鮮明で、数ミリメートル先も見えない。これらを奥まで透けて見えるように設定すると、「もう少し進むと血管に当たって出血してしまう」とか「あと少しで癌に行き当たる」といったことが予測できる。

術前だけでなく、手術中にもＨＭＤを装着して確認できれば、本番の手術がより正確でスピーディに行えるようになる。常に先を見通して手術をリードできれば外科医は安心できるし、短時間に手術が終われば、患者の身体の負担も軽く、早く退院できる。何よりも安全に手術できるメリットは計りしれない。

ＶＲクリエイティブアワード

友人の藤井直敬氏から声をかけてもらったのはその頃だ。

藤井さんは眼科医にして、デジタルハリウッド大学教授、ハコスコ社の代表も務めるマルチな人だ。ハコスコとは変わった名前だが、「箱＋スコープ」が由来らしい。スマートフォンによるＶＲサービスの開発・発売・運営をする会社だ。

藤井さんはかつて勤務していた理化学研究所で脳科学を研究していて、その過程でＶＲを知ったそうだ。目から入力された情報を脳が処理する仕組みに関心をもち、理化学研究所の理研ベンチャー制度でＶＲの会社を立ち上げたという。

藤井さんとはＴＥＤｘというイベントを通じて知り合った。ＴＥＤｘについては後述しよう。

世の中にＶＲを広めたい、ＶＲの社会実装を進めたいという思いで藤井さんが設立したＶＲコンソーシアム（現ＸＲコンソーシアム）主催の「ＶＲクリエイティブアワード２０１６（現ＸＲクリエイティブアワード）」に応募してみないかと、本人から直接お誘いを受けたのだ。

ＶＲクリエイティブアワードは、「ＶＲ業界を牽引するＶＲ作品やクリエイターを発掘し、認知度向上や活動の支援を目的として、VR領域のクロス・コラボレーションの創出をめざす」ことを目的に、VR作品の動画やデモ動画を募り、審査のうえ優秀な作品を表彰するというイベントだ。

第1回開催の受賞作品を見ると、エンターテインメント、ゲーム関連の作品が多く、医療コンテンツで応募するのは場違いのようで、正直気が引けた。私たちがつくっているVRアプリは作品という代物でもなく、華やかなコンセプトビデオでもない。学会発表の内容でよいだろうかと藤井さんに問うと、それでかまわないという。

優秀賞受賞の理由が起業に繋がる

出品した作品は、臨床医療や医学教育へのAR／VR技術活用の実際や得られた効果を学会で発表した動画を編集したもので、作品名を「Hyper medicine for augmented human（人間の能力を拡張する超越医療）」とした。

応募時に添えた作品概要を、長いが引用しておこう。

「人間中心設計に基づきVR／AR、ジェスチャーコントロールやロボット技術を実装した、従来の医療技術を超越する革新的システムHyper medicineという概念を開発した。

CT、MRIなどの医用画像から3D VRへデータ変換し3D立体視映像とウェアラブル／ホログラフによる空間的診断、支援技術を開発し、まるで体内に没入感のある空間性、実時間性、自己投射性を兼ね備えた双方向手術支援法として、既に実臨床例で有用性を確認した。

そのデータから臓器や血管などの形状ポリゴンを作成し、3Dプリンタとバイオ触感再現技術（特許取得）により生体質感を可触化した臓器レプリカの造形に成功した。これは人体そのものの実体コピーであり、より再現性の高い手術シミュレーションとトレーニングを可能にした。

これとVR／AR画像を位置情報統合し表示することで、触感のある拡張現実augmented tangibilityを新たに実現できた。これはVR／ARの欠点である触覚の欠如を補完し、医療の安全性、確実性、正確性をもたらし、若手医師から医療スタッフ、患者家族への絶大な教育効果と効率化をもたらした」

起業前のことであり気の利いたグループ名も思い浮かばなかったので、代表者名を杉本真樹に、谷口さん、富士通の宮隆一氏を共同研究者として応募した。

応募時の名称を巡ってはいろいろと思案した記憶がある。「谷口杉本」では漫才コンビのようだし、かといって私たちには特にグループ名も、母体となる組織や会社もないのだっ

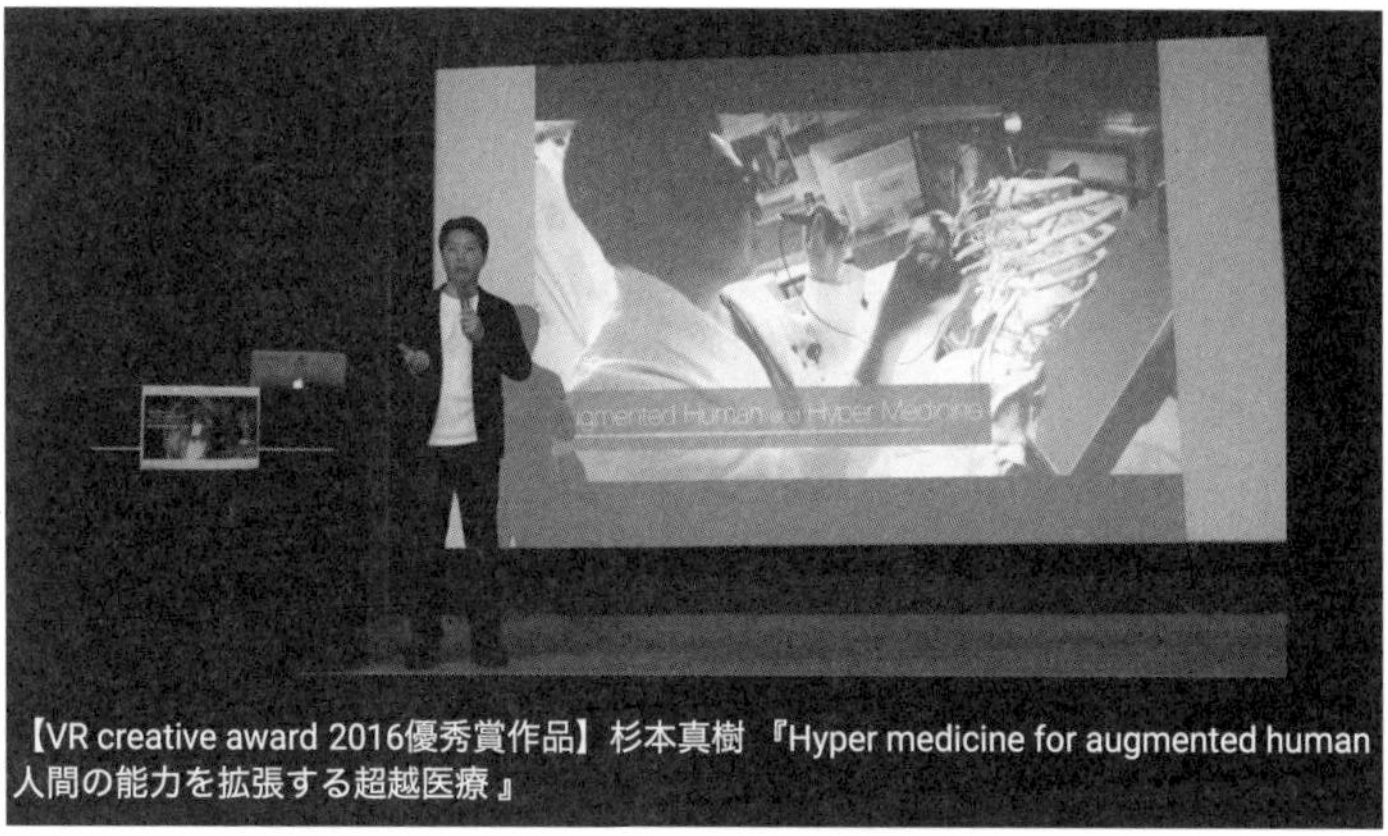

VRクリエイティブアワードに出品した動画のワンシーン

た。

この事実も本腰を入れて起業を考え始めるきっかけになったのかもしれない。

このときの審査員には森美術館館長（当時）の南條史生氏、東京大学先端科学技術研究センターの稲見昌彦教授、メディアアーティストの落合陽一氏などが名を連ねていた。競合はライゾマティクス・リサーチ社のborderやHADO、SYMMETRY（シンメトリー）、攻殻機動隊VR、ソードアート・オンラインなどすでに商用として成功しているプロの作品ばかりだ。個人名でエントリーしたのは私のみ。いささかアウェーな感じで心細かった。

作品は1次審査、2次審査を経て、最終審査を通り、ファイナリストプレゼンで高い評価を得て優秀賞を受賞した。

VRクリエイティブアワードの表彰式に臨む谷口さんと筆者たち

受賞セレモニーでは、デジタルハリウッド社の設立者でデジタルハリウッド大学学長の杉山知之氏から、受賞理由が「まさにVRの社会実装だった」と聞かされた。以前より杉山さんからは「杉本さんはデジタルブラック・ジャックだね」と言われていたこともあり、私の目指す「社会価値を生み出す」という思いがやっと評価されたのだと胸の鼓動が高鳴った。

第7章

医療機器ベンチャーHoloeyes創業の秘策

なぜ起業しないのか

ＶＲクリエイティブアワードでの受賞とともに、審査員の「どうして起業しないの？　医用ＶＲはビジネスに十分なり得るだろう」の言葉にも背中を押され、谷口さんと私との間でも起業が話題に上るようになった。

優秀賞の副賞として、ｇｕｍｉ社代表の國光宏尚氏を通じて１０００万円の投資を受けたうえに、登記先住所、電話など、事務所開設に必要なものを提供してもらったのは、大変ありがたかった。当時谷口さんとの打ち合わせではシェアオフィスを利用したり、深夜のファミリーレストランでドリンクバーのみで粘ったりと、場所の確保に常に困っていたからだ。

20歳代、30歳代で起業するような一般的なＩＴベンチャーのイメージとは違い、ともに40歳オーバーの私たちのような起業をシニアベンチャーという。谷口さんは自分の技術を武器にフリーランスでゲームクリエイターとしての実績を積んできた。私も国際医療福祉大学に准教授として職を得た。新境地で戦う準備は整っていた。

医療を空間でとらえるという新価値

2016年当時は、ベンチャーバブルといわれ、ITベンチャーへの投資気運も高かったが、私たち2人がどうせ起業するなら、社会に貢献できることを事業にしたい。自分たちが食うためだけでなく、時間と労力をかけて練ったサービスを構築、提供するのもミッションだと思った。

起業する会社の名称には、ホログラムや、古代エジプト神話に登場するオシリス（Osiris）神の息子ホルス（Horus）から連想して「ホロ（holo）」という言葉が浮かんだ。ちなみに医用画像解析ソフトOsiriXの名前はこのオシリス神に由来しており、Mac OS Xの「X」をかけてOsiriXとなっている。

holoという接頭語には「全体の」とか「完全な」という意味がある。殺された父オシリスの仇討ちでえぐり取られてしまったホルスの左目は、世界中を旅して見聞を深め、「すべてを見通す目として」エジプトに帰り、再びホルスの左目になったと言い伝えられている。

全体を見通す目という意味でholoにeyeを合わせて「ホロアイ」はどうだ。「ほろ酔い」みたいだなあという茶々を受けて、ならば、エンジニアと医師の2つの視点での起業だから複数形として「ホロアイズ」とするのはどうだろう。「Ｈｏｌｏｅｙｅｓ」というつづりはｏとｏ、ｅとｅがシンメトリになっていて文字面も安定している。

こうして２０１６年10月、「ＶＲやＡＲを活用し新しい医療・ヘルスケアの価値を創造する」ことを目標にＨｏｌｏｅｙｅｓ株式会社を創業した。

Ｈｏｌｏｅｙｅｓ創業、オフィスはファミレス

創業は谷口さんがＣＥＯ（chief executive officer：最高経営責任者）、私はＣＯＯ（chief operating officer：最高執行責任者）の２人体制でスタートした。エンジニア出身の谷口さんは経営や開発、私は医療現場、マーケット、顧客アプローチを分担した。オフィスはまだなく、もっぱら深夜のファミレス。

設立から数カ月後、ビジネス戦略を立案する人材も必要となった。適当な人材を探していたところ、新城健一さんがＣＳＯ（chief strategy officer：最高戦略責任者）として加わった。

新城さんは、情報サイト「Ａｌｌ Ａｂｏｕｔ」の起ち上げから上場までプロデューサーとして参画した経験をもつ。ソフトバンク子会社のＡＰＰＬＩＹＡ社を設立してＣＯＯを務

Holoeyes 社の社員たち

めた後、現在は妻で料理家・弁当コンサルタントの野上優佳子氏が代表のホオバル社の役員や、孫泰蔵氏が起業したMistletoe Japan 社のフェローなどもしている。いろいろな企業や事業に多角的に参加しているが、フリーランスを自称している自由度高めの人だ。

３人目のメンバーとなった新城さんには事業計画の立案、投資元への連絡と進捗報告などを担ってもらうことにした。資金や人材、労力といった資源の事業への振り分けなどでも、数々のビジネス経験で培った彼のスキルとノウハウは非常に貴重だ。

現在は、さらにＳＢＩインベストメント社から社外取締役を迎え、マーケット担当、カスタマーサービス担当、デザイン担当の社員を３人採用したほか、法務担当のパートタイマー、５

人前後のエンジニアによる布陣で事業を行っている。

ベンチャーキャピタルの高額出資に応える

会社設立から4年が経過し、医用VRサービスは約120施設で利用されるに至った。全国の販売店二十数社と契約しており、販売体制も整った。HoloeyesMDがごく短期間で医療機器認証を取得できたのは綿密な薬機法戦略が功を奏したからだ。

2012年度に行われた診療報酬改定による画像等手術支援加算では、保険加算ができる術式は限られていたものの、整形外科や脳外科、耳鼻科を対象としたものと、肝臓の一部の術式に対して2000点、つまり2万円（1点=10円）の加算が可能になった。

ところが2014年度の改定では、画像による手術支援システムは、3D画像と術野の位置関係をコンピュータで処理することと、要件のハードルが上がった。

整形外科や脳外科では、薬機法で承認されたナビシステムがすでに販売されている。しかし、消化器外科領域では、肝臓などの臓器の位置情報をリアルタイムで検出する医療機器は一般的でなかった。

その点、HoloLensのようなHMDは、搭載された赤外線やカメラセンサ、デプスセンサをもとに装着者の位置を計測し、術前の画像を表示できる。

医療機器として認証され保険収載されると、導入ユーザーである医療施設には保険償還がなされる（健康保険組合や国民健康保険組合などの保険者から、診療報酬として代金が支払われる）。保険適用があるかないかは医療機器販売業者にとって、天と地ほどの違いなのだ。認証取得の経験とノウハウをもった腕利きのスタッフのおかげだ。

ベンチャーキャピタル大手のＳＢＩインベストメント社には、リードインベスターとして2億円出資してもらった。代表取締役執行役員会長の北尾吉孝氏とは旧知だが、知人だからといって投資を決めるような甘い人でないことはよく知っている。

北尾さんはテレビ東京の番組インタビューに、Ｈｏｌｏｅｙｅｓ社に投資した理由をこう答えている。

「起業家としての志をちゃんともっているのかというのが非常に大事。単なるお金儲けで事業を興し、お金儲けのためにやるということなら僕は投資をしなかったと思う。『医は仁術なり』と昔からいわれているように、そういう気持ちで世のため人のためにやるんだと、そういう思いの2人が1つになり新しい領域を切り開いていく。だからこそ僕は当時としては非常に高額なバリュエーション（企業価値評価）ですぐに投資を決めた」

幸運と人の縁に恵まれて

医用ＶＲサービスと、ＨＭＤの機能や進化の関係性は深い。特に透過型ＨＭＤであるマイクロソフト社のＨｏｌｏＬｅｎｓとの出合いは、現在のサービスを大きく発展させるトリガーとなった。

２０１６年12月に参加した北米放射線学会（ＲＳＮＡ）で、透明な両眼独立のディスプレイでＶＲ画像が立体的に見えるＨｏｌｏＬｅｎｓが展示されていた。噂に聞いていたＭＲ型ＨＭＤである。説明には「ホログラフィックコンピュータ」とあった。まさに私が長年追い求めていた世界がそこにあったのだ。

興奮を抑えきれないままさっそく体験してみると、それまでに経験したことのない臨場感だった。患者の臓器がすぐそこ、手が届くところにあるではないか。ジェスチャーでの操作性がこの存在感をさらに引き立たせていた。

これが手術中に使えたら……。

当時、ＨｏｌｏＬｅｎｓは日本では未発売だったので、すぐに実機を入手して、少しでも早くＶＲアプリの開発を始めたいと思っていた。

そんなとき、テレビ局から年末特別番組でのVRの取材依頼が来た。このＨｏｌｏＬｅｎｓでの実例をなんとか紹介したいと思い、ますます実機が必要となった。しかし30万円以上もする高額機器で、かつ、何に使っていいかだれもまだわかっていない時期に、日本で入手していた変わり者（アーリーアダプター）はほとんど見当たらなかった。

と、困っていたところ、救いの手を差し伸べてくれたのが、米マイクロソフト社元副社長で、日本法人を立ち上げた慶應義塾大学の古川享教授、通称サムさんだった。サムさんがＨｏｌｏＬｅｎｓの実機を個人的に入手し、遊んでいるという噂を聞き、友人でもあったので連絡してみた。すると年末だというのにすぐ見せてくれるという。

谷口さんとともに指定されたおしゃれな東京・青山のバーに会いに行き、ＨｏｌｏＬｅｎｓの不思議な世界観を体験させてもらった。シャンパングラスを傾けながら、ＨｏｌｏＬｅｎｓやＶＲが実現する怪しい未来への悪巧みは深夜まで盛り上がり、忘れ得ない聖夜となった。

マスの説得力が必要なんだ

ＨｏｌｏＬｅｎｓの確保を、しかも複数台の確保を急いだのにはわけがある。

ｉＰａｄが日本で発売されてすぐ、滅菌バッグに封入したｉＰａｄを術野脇に置いて手術したり、ｉＰａｄに医用画像を表示させたりする動画や写真が大変話題になった。私１人がやっていたらこれほど注目されることはなかったはずだ。新しいもの好きの外科医が飛び付いた程度の認識がせいぜいだろう。

ではなぜあれほど評判になったのか。それはマス（多数）がもつ説得力だと思う。

滅菌バッグ入りのｉＰａｄを執刀医や助手、器械出しの看護師など手術スタッフ全員が注視する。研修医たちが患者の３Ｄ画像を教材にしながらディスカッションする――。複数の人々が１台のｉＰａｄに注目する場面、逆に１人１台ずつｉＰａｄを持って画像を共有する場面。ここに人々はｉＰａｄの社会的価値を感じたのではないかと思うのだ。

ＨｏｌｏＬｅｎｓも同様で、複数台による利用場面が絶対に必要だと直感したのだった。

当時は起業したけれど、正直なところ事業化への確信をもてないでいた時期でもあった。ＶＲクリエイティブアワードへの応募を誘ってくれた藤井直敬さんの「ＶＲの社会実装」という言葉もずっと心に引っかかっていた。

社会実装とは、得られた研究の成果を社会問題の解決に応用・展開していくことをいう。医用ＶＲのアイデアはいまだＶＲゲームの延長にすぎず、これが医用ＶＲの社会実装なのか。まだ何かが足りない。

その点、没入型のＨＭＤとは違い、ＨｏｌｏＬｅｎｓなら手術中も装着できる。手術にかかわる医療スタッフ全員がＨｏｌｏＬｅｎｓをかぶって患者の３Ｄ画像を共有し、コミュニケーションをとりながら、手術ナビゲータとして利用するシーンのインパクトは絶大だ。

いける！　これなら外科医に売れる。

テレビ番組のためにＨｏｌｏＬｅｎｓをかき集めるなかで事業の具体的なビジョンがわいてきたのだった。

ところで、クリスマスイブにサムさんに無理を言って拝借したＨｏｌｏＬｅｎｓは、いまだに借りっぱなしである。そのおかげで事業化の目途、起業資金や投資の確保に繋がったのだから、あのときの素敵なクリスマスプレゼントはずっと続いているのだ。

今では人を思う気持ちを形にした、かけがえのないお守りである。サムさんには感謝の言葉が尽きない。

起業4年目の事業計画

起業４年目のマイルストーンは、薬機認証を取得してＨｏｌｏｅｙｅｓ ＭＤを医療機器にすること、保険加算できて病院に還元できるようになること、外科手術以外の領域にも展開すること、海外市場の開拓などだった。

ふたを開けてみれば、薬機認証は取れた、「ＨｏｌｏｅｙｅｓＥｄｕ（ホロアイズ・エデュー）」という教育サービスも近々始める、「バーチャルセッション（ＶＳ）」というＶＲでカンファレンスを行うサービスも提供予定だ。

Ｅｄｕではの手技や臓器などに音声やコメントを付けたコンテンツがつくれる。利用者自身がつくれる点がミソで、大学や医療施設での教育・研修用の教材や、学会発表用の資料にもなる。こうしたオリジナルコンテンツはＨＭＤやスマートフォンで見られるうえ、ＹｏｕＴｕｂｅのように一般公開できるプラットフォームも提供する。

歯科医師や獣医師への展開も進捗しており、目標をほぼ達成した。ベンチャー企業の投資ラウンドでいえば、サービスやビジネスモデルが確立しつつあるミドルステージの段階（シリーズＢ）といったところだろう。

次年度のマイルストーンとしているのは海外への本格的な展開だ。米国、ヨーロッパ、中国市場を狙う。それにはメニューを英語化する必要があるし、日本の薬機認証に相当する米国のＦＤＡや、ヨーロッパのＣＥマーク、医療機器として展開するならこれらの取得も必要になってくる。ユーザーサポートに備えた海外拠点も必要になってくるだろう。

日本が保有するＣＴやＭＲＩの台数は世界で１、２位。１００万人当たりの台数は断トツだというデータがある。事実、日本ほどＣＴやＭＲＩを撮る国はない。ＨｏｌｏｅｙｅｓシステムでＶＲ画像を見る以前に、ＣＴやＭＲＩを３次元化しない国がまだまだ多いのは悩ましいところでもある。

それでも人口が多い国、たとえば中国ならＣＴ撮像、ＭＲＩ撮像するのが一部の富裕層だとしてもパイが大きいから事業として成り立つかもしれない。その一方、模倣のリスクがあるとか、中国で普及すると米国展開が難しくなるのではないかといった今日的な不安要素もある。

目下、中東地域、ＵＡＥ（アラブ首長国連邦）やサウジアラビアでは試験運用する準備を進めている。現地の商事会社が協業を希望しているので、販売権を委託して販売してもらうのも、Ｈｏｌｏｅｙｅｓ社サウジ支店を立ち上げるのもいい。

医用ＶＲ事業のゴール

医用ＶＲの市場には遅かれ早かれフォロワーが現れるだろう。当社単独でどこまで事業展開していけるかは未知数だ。

将来的に市場が拡大すれば、画像診断装置の技術や製品を商材として扱っていたり、自社開発してワールドワイドで販売できるチャネルをもっていたりするメーカーが一事業として手がけるのが効率的だということになるだろう。

私たちＨｏｌｏｅｙｅｓ社がそれらの医療機器を独自開発していくのは賢明ではないし、リソースが豊富な大手企業が展開するのが経営資源的にも理にかなっていると思う。ＣＴやＭＲＩ画像ありきでスタートさせた医用ＶＲ事業は、そうした医用画像機器関連企業が事業継続するほうが相乗効果も期待できる。

会社設立当初は数年でバイアウトされる目標を立てていたが、コロナ禍の影響で、目標達成にはもう少し時間を要しそうだ。

むしろそれを逆手にとり、事業拡大と新価値創造にもう少し没頭するのもいい。

第8章

医療デジタル変革：VR＋AI＋オンライン医療

熟練医療技術のトレースと伝承

私たちがＶＲにさらに期待しているのは医療技術の伝承だ。

これまで外科手術の手順は文章化できても、テクニックの勘所は容易に言語化できず、ベテランの手技を見て身につけなければいけなかった。「オレの背中を見て覚えろ」とはよく聞くフレーズだが、背中を見たって何も書いていない。むしろ背中が邪魔で手技が見えないではないか。

肝臓の開腹手術では、患者の頭側に立ち、肩越しに肝臓をめくって執刀医に見せる役回りを若手医師が担うことがある。長時間にわたり不自然な姿勢をこらえながらめくり続けた肝臓の裏側で行われている手技は見えず、にもかかわらず手術が終わると「手技を見ていたはずだから、次は執刀できるはずだ」と無茶ぶりをされる。

こんな調子で、教え方は確立されておらず、教える内容も定まっていないのでは、若手への技術の伝承などとても無理だろう。だから医療、特に外科は「暗黙知」が多い。

ベテランの手技を正確に伝えるには、執刀医の手技を目で見るだけでなくそのまま３次元空間で再現し、追体験する必要がある。執刀医の手の動き、視線の動きを３Ｄスキャンして立体空間的に記録し、そのデータをＨｏｌｏｅｙｅｓシステムで見ることで執刀医の動きを実際にトレースできる。

バーチャル空間で再現したＶＲによるアバターなら、執刀医と同じ位置に立つこともできるので、あたかも二人羽織のように手技を自分の動きと重ねて覚えられる。音声解説とともにＶＲ体験を共有すれば、意図がわからなかったベテランの動きの理由までもが理解できるようになるだろう。

動きをトレースできても、手術の手技自体は簡単にはならないかもしれない。しかし名医やベテランが培った技術や知識を的確に伝承できるようになるとは思う。

言葉やマニュアルでは説明できず、伝承が難しかった手技や知識は、〝神業〟とか〝神の手〟といわれてきた。形にできない知識体系はみな暗黙知である。

それがＶＲ技術によって、手順ばかりか手や視線の動きが記録され、追体験できるデジタルデータとして保管されるとき、暗黙知は形式知化される。ひいては標準を高め、手技技量の平均値を高めるのにも役立つはずだ。

人体モデルの蓄積がデータビジネスになる

私たちは、Ｈｏｌｏｅｙｅｓサービスの顧客がクラウドサーバにアップロードしたポリゴンデータを蓄積し、人体モデルのデータベースを構築。それを素材とした医学教育サービスの実現、精密医療への道筋をつけたいと考えている。

個人の生体情報などを活用する際、個人情報保護法に抵触しないかには十分な注意が必要だ。この点については、特定の個人にひもづけできるかどうかが判断基準となる。

医用画像情報では、顔写真、骨格、手のひら、指紋、静脈、瞳孔、虹彩などの取り扱いには注意を要するが、それ以外は個人を特定できるとされていない。たとえば、顔にモザイクをかけた全身写真などは一般に個人を特定できないので流用可能と考えられる。

ＣＴ画像やエックス線写真など、ＤＩＣＯＭ規格で記録された画像は、個人情報を加えて記録されるため、そのままでは外部への持ち出しは認められない。この個人情報保護が課題となって、症例を公開できない、教育コンテンツとして利用できない事情がある。

しかし、将来の医療の発展のためには、個人の生体情報を個人情報ではない形にして共有する必要があり、患者や健康な人が生体情報の提供にどこまで同意するかが重要なカギとなる。

それには、情報提供がなんとなく怖いといった漫然とした不安をなくす必要がある。生体情報の提供の重要性と安全性をもっと多くの人に知ってもらう努力が必要だろう。

医療の暗黙知を解消するＡＩ

近年、人工知能（artificial intelligence：ＡＩ）による画像認識技術の精度が飛躍的に向上し、従来困難だった医用画像ワークステーションにおける自動解析も現実的になってきた。ＡＩは、これまで人間の知能によって行われてきた特定の行動を、コンピュータ上で認識・学習して実現するもので、すでにＷｅｂサイトの検索や経路検索などで広く実用化されている。現在のＡＩは、すべてを人間が指示する必要があるものとして、①人が書いたプログラムのみで作動する「探索アルゴリズム」、②それに人が書いた知識ベースを加えた「エキスパートシステム」や、実世界のデータからコンピュータが自動的に学習してくれるものとして、③動作を調整するパラメータを学ぶ「機械学習」、④抽象的なデータの表し方（特徴表現）を自動的に学習する「深層学習」がある。

現在最も進歩しているものは、深層学習（ディープラーニング）による画像認識だ。特にエックス線画像やＣＴ、ＭＲＩ画像、内視鏡画像、病理組織画像などの情報から、その特徴を認識し、画像と概念を対応付けて癌などの特定のパターンを検出・抽出する。ＡＩの臨床活用には、大量の医療情報データの集積、構造化、学習を効率的に行うことが重要だ。

機械学習では、実際のデータをもとに入力と出力の関係付け方のパラメータを学習し、コンピュータが賢くなっていくが、この機械学習に用いるデータ（特徴量）を実際の問題ごとに人間が設計する必要がある。そこでこの特徴量をコンピュータに設計させ、特徴量の表現法もデータから学習させるのが深層学習である。これにより、コンピュータが自ら特徴表現や概念を獲得できるようになり、大量のビッグデータが統合的に利用・解釈・学習され、新たな特徴量が抽出されると期待されている。

この深層学習は従来は理論系の展開が多かったが、医用画像系の論文報告や学会発表も増加傾向にあり、臓器抽出コンテストやハンズオンも多数開催されている。癌の放射線治療のターゲティングや肝臓の区域抽出など、多岐にわたって世界中で多くのプロジェクトが進行している。Ｈｏｌｏｅｙｅｓ社でも患者のＣＴデータから臓器や血管、腫瘍の形状を自動抽出し、ポリゴンデータとして書き出す自動化アルゴリズムを研究開発し、医用画像情報というビッグデータ活用を省力化、効率化している。

するとこれまでのビッグデータから、病院や施設によって撮影のプロトコルがばらばらで、それに人間が悪戦苦闘してきた形跡を垣間見ることができた。個人の癖や習熟度による差、ちょっとしたごまかしなども見えてきて、その人間っぽさが非常におもしろい。

ＡＩは世間から万能の神のようにあがめられたり、あるいは医師の仕事を奪うと恐れられたりしているが、ＡＩを追求すればするほど、むしろ人間の可愛いところに気付かされる。効率化できないからこそ、人間は苦労して得た自律や成長を楽しめるのだ。単純作業は機械に任せて、楽しいところを人間がやる。最適化を超えたところに、子どもの頃のような柔軟な思考や想像力を取り戻すカギがある。それが創造力だ。

ＡＩは問いをもたない。データをすべて鵜呑みにして学習する。なぜ学習する必要があるかと悩むことがない。そもそも楽しまなくても続けられる。人間はそうはいかない。

ＡＩによって仕事がなくなるかもと悲観しなくてもいい。ＡＩに渡すデータが本当に適切かどうか、それを決めるのも人間だ。医療は人間を相手にするかぎり、ＡＩには負けない。自分に限界という壁を作ってしまう自分に負けるのだ。

これからの医療は、医師も患者もともに楽しむ。患者も人間、医師も人間なのだから。

生体情報の提供に必要なインセンティブ

個人に生体情報を提供してもらうには、提供の対価として健康増進やよりよい医療を受けられるインセンティブ（動機づけ）が必要となる。たとえば遺伝子検査の結果は本人にフィードバックされることが望ましい。

異常が認められた少数の人にとっては、適切な受診のきっかけになるし、それ以外の多くの人にとっては、異常がないことがわかるだけでも大きなメリットを感じられるに違いない。

米国のバラク・オバマ元大統領が提唱した精密医療（precision medicine）では、遺伝子のほか、生活環境、生活因子、放射線画像情報を活用するとしていた。それらの情報を蓄積するためにオバマ元大統領が訴えたのが市民の参加だった。普段の生活のなかで得られる生体情報や環境情報などを自発的に提供してもらおうというものだ。

当時はなかなかデータが集まらなかったが、その後普及した「Ａｐｐｌｅ Ｗａｔｃｈ」などのスマートウォッチ、ウェアラブルデバイスでは、個人の同意が得られれば容易に情報を収集できるようになった。

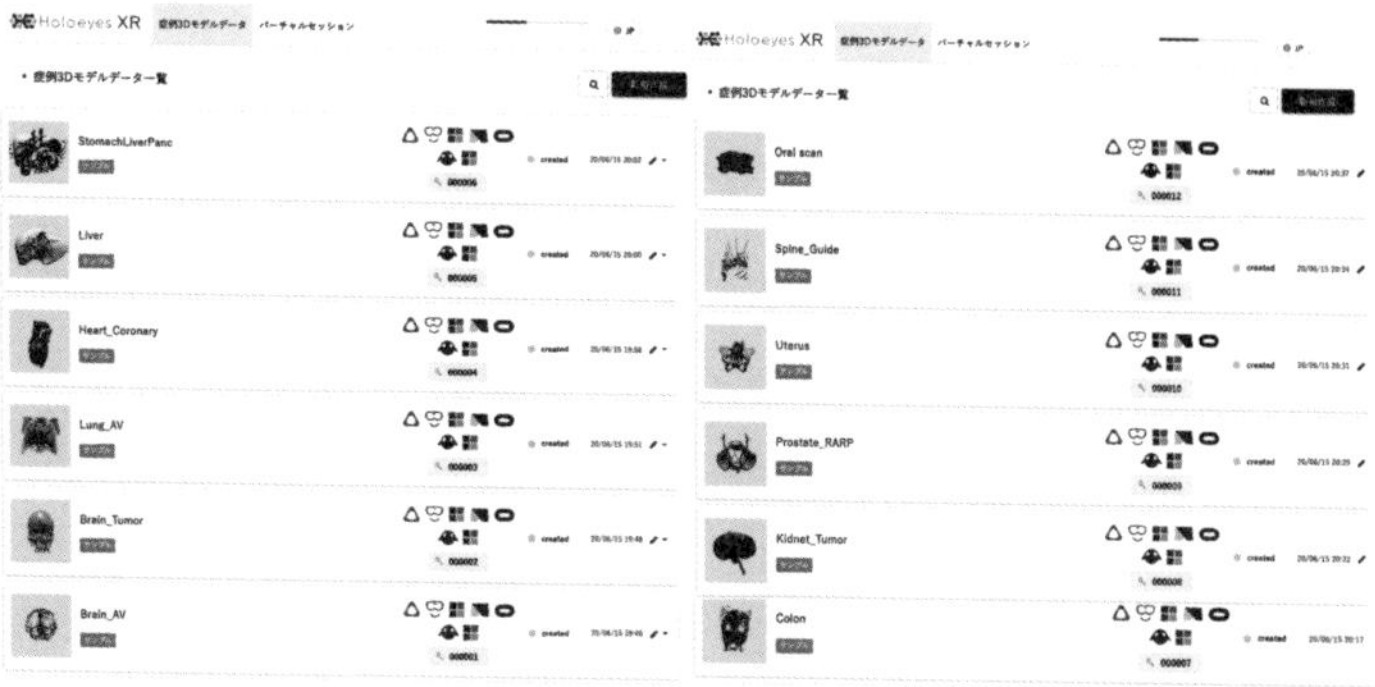

Holoeyesサイトに蓄積した人体モデルのデータベースイメージ

つまり円滑な情報提供を実現するためには、提供者自身がプラットフォームやデータベースにアクセスできる権利を提供する仕組みが必要だということだ。

人体モデルを教育に活かしたい

患者の実際のデータに基づいたモデルを利用して、教育用コンテンツをユーザー自身が作成できるツールを提供しているのは今のところＨｏｌｏｅｙｅｓ社だけだ。

医学教育にはＣＧやイラストを利用するのが一般的で、特殊な症例では同じデータを使い回しているケースが珍しくない。

私たちは医用ＶＲサービスをリーズナブルな価格に設定し、サブスクリプション制を導入する一方で、ポリゴンデータを提供してもらっている。

個人情報とひもづいたＤＩＣＯＭデータは提供できないが、ポリゴンデータは座標の集合体にすぎない。患者Ａの骨格に患者Ｂの臓器を納め、患者Ｃを合成することができれば教材は無限に生み出されていくわけだ。

医療と通信規格の新しい潮流

ここからは、帝京大学冲永総合研究所のInnovation Labで行っている私個人の研究テーマについてお話ししたい。

オンライン診療は、２０２０年度診療報酬改定で保険収載範囲が拡大した。従来は直接対面でないと外来診療料や服薬指導料を取れなかったが、最近になってテレビカメラなどを用いた遠隔面談でも診察や服薬指導とみなされるようになった。

新型コロナウイルス感染症の拡大が社会問題化し、医療業務も非接触やリモートへの転換が進んでいる。

厚生労働省は、電話・オンライン診療に対応する病院などの医療施設約１万カ所のリストを公開した。しかし、これには電話応対のみの施設も含まれ、音声のみの情報では、対面や触診を必要とする状況などでのミスコミュニケーションに繋がりかねない。

そこで、現行の第4世代移動通信システム（LTE-Advanced）をはるかにしのぐ第5世代移動通信システム（5G）が医療業界でも大きく注目されているのだ。5Gは4Gに比べ通信速度は20倍（超高速）、遅延は1／10（超低遅延）、同時接続台数は10倍（多数同時接続）といわれる。

こうした性能の5Gが普及するとどうなるか。

オンライン診療での医師と患者とのコミュニケーション、医療施設や医療従事者同士の医療情報のやり取りがいっそうスムーズになるだろう。オンライン診療の普及、都会と地方の医療格差の是正も期待される。

HMDでオンライン診療

私の父の協力で、私が医師、父が患者として遠隔地間のVRによるコミュニケーション、オンライン診療の実証をしている。

テレビ会議では最初、テレビに映った私をVTR映像だと思ったらしく、「元気ですか、具合はどうですか」と話しかけても、生返事をするだけで会話は成り立たなかった。テレ

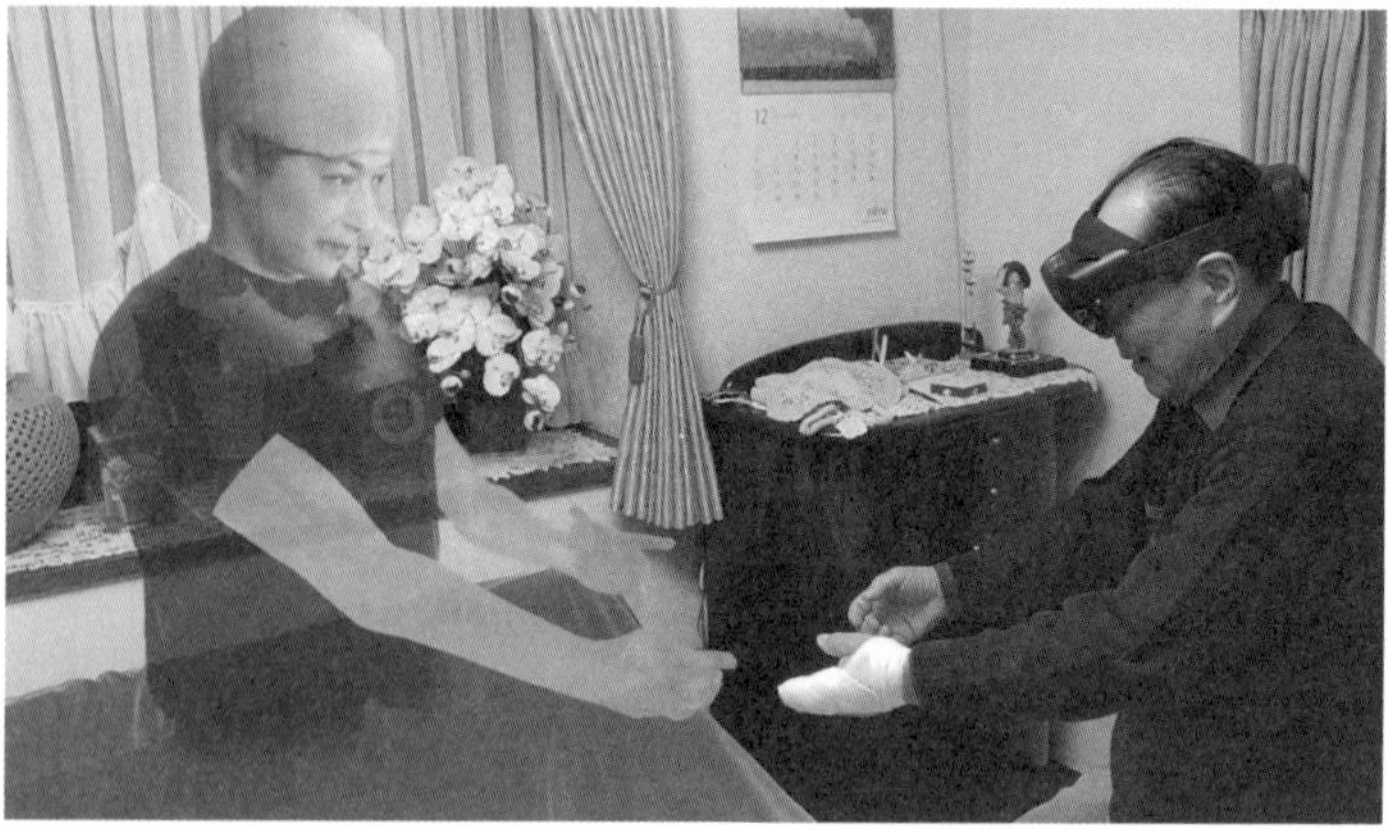

アバターを前に遠隔地からHoloLens 2でオンライン診療

ビ画面にではなく透過型のＨＭＤに、私の全身を３Ｄのアバター（分身）として空間的に表示したところ、「最近、ここ（腰）が痛いんだよ」とＶＲ空間の私相手に、痛い部分をさすりながらごく自然に話し始めた。

この技術が普及すれば医師と患者はいっそうコミュニケーションしやすくなる。専門医がいない地方の患者がわざわざ大病院に出向かなくても、離れた場所にいる専門医の直感的な診察を受けられるようになる。

治療する医療従事者にも大きなメリットがある。今は１人の医師が１人の患者の医用画像や検査データを見て診断や手術を行っているが、高精細の検査画像やＶＲによる同時的な情報共有が可能になれば、かかりつけ医が専門医に診断上のアドバイスを求めたり、手術室でのコミュニケーションや技術伝達も行ったりできる。

遠隔地にいる患者の治療にいろいろな診療科の医師が参加したり、同じ病気の患者同士が知識をリアルタイムに共有したりできるようになる。実際、INNOVATION LABで行った実証実験では、肺の3D画像を離れた場所にいる医師に送り、炎症箇所を具体的に共有できた。

現在の通信環境では3D映像の通信には遅延や画素数などの課題があるが、5GではテレビモニタをHMDに代え、オンライン診療がよりスムーズにリアルに行えるようになるだろう。

医療の地域間格差を減らすだけでなく、新型コロナウイルスのような感染症の診察にもオンライン診療は役に立つ可能性がある。実際、いくつかの病院では試験運用を始めている。医師が直接触れられない患者、感染可能性があり患者を隔離しなければいけない場合、遠隔から直接対話できるのにはとてもメリットがある。

VR技術と相性がいい5G

5GはVR技術と相性がよく、高解像度・高精細な画像電送や、立体音響、触覚を伝送するハプティクス（触力覚）通信なども研究開発が進んでいる。医師と患者の姿や背景を互いに共有することで、画面越しの会話では得られない自由度の高い、自然で直感的なコミュニケーションが行えるようになる。

電子カルテや検査データなどの文字情報、エックス線画像やCT、超音波画像データ、内視鏡やカテーテルなどの動画、面談や心音といった音響情報などのデータ。こうした患者医療情報を電送するだけでなく、医師や患者の姿と動きをデジタルにモーションキャプチャ（記録）し、リアルアバターとして離れた空間に登場させるテレプレゼンスにも成功している。

費用の問題、多数同時接続によるセキュリティリスク、新しい設備の導入や技術習得上の課題もあるが、医師不足や偏在、医療施設不足などの医療格差を解消し、医療従事者の働き方を改善すると期待されている。

5Gが医療とヘルスケアを橋渡し

ヘルスケア領域でもＩＴの導入が進み、一般の人でもＡｐｐｌｅ Ｗａｔｃｈのようなウェアラブルデバイスなどを使って血圧や心拍、血糖値を測ることができるようになっている。

こうしたデバイスで測定したデータや健康診断データ、企業が実施するメディカルチェックなどで得られた生体情報を、医療施設といかに共有するかが現代の課題だ。

５Ｇサービス開始で活用が期待される医療・ヘルスケア情報のなかで、個人の生体情報は特に重視される。その価値は、健常な人の情報か、病気あるいは病気予備群の情報か、経時的にデータが存在するか、病気になって治療を受けた前後の情報かなどによって異なる。

今後は、病気の人のデータだけでなく、健康な人のデータにも価値が見いだされていく可能性が高い。

たとえばアスリートの鍛えた身体は商品価値が高く、鍛え方や体形を維持する方法などの情報提供サービスは大きなビジネスになる。健康が「売れる」時代になりつつあるのだ。

５Ｇの進展で、身体や活動量のデータが蓄積され、経時的な変化が見える化されると、「今のような食事を続けると、あなたは将来的にこんな病気になる可能性が高いです」などといった「身体の天気予報」も可能になるだろう。

実際、海外では日本の高齢者のデータが注目されている。日本は65歳以上の高齢者が人口の約29％を占める超高齢社会で、米国や欧州は５～10年後に日本の後を追い、開発途上国もその後に続くと考えられている。

Super-aging society（超高齢社会）をテーマとした日本の報告や論文は海外の学会でアクセプトされる率も高い。ビジネス分野でも日本の超高齢社会の健康・長寿データは国際的に価値が高い商品になり得る。

VRを利用した医学・健康教育

医療従事者が対象の医学教育は、実際の医療現場で職務と並行して行われるＯＪＴ（on the job training：現任訓練）が基本だ。しかし、ＯＪＴでは経験の機会や症例数、時間的制限や設備などにより、習得できる技術とその技術精度に優劣が生じやすい。

臨床現場では経験に基づく暗黙知も多く、患者の安全性と診断治療行為の正確性が最優先されるため、ＯＪＴには限界がある。

そこで職場や通常業務から離れ、時間や場所を確保して行うＯｆｆ‐ＪＴ（off the-job training：職場外訓練）として、患者の病態や診断治療技術の正確な再現のためにＶＲ技術が利用されている。

実臨床の患者個別の医用画像データや、ベテラン医療手技の手足の動き、術式や手術計画などが立体空間的に再現され、視覚とともに動作や平均感覚、移動距離なども指示される。熟練者の技術が時間的、空間的に数値化され形式知化されるため、医療技術伝承にも活用の幅が広がっている。

手術の前にＨＭＤをかぶって、患者の体内に入る体験を手術室で行えば、高い学習効果が得られるだろう。手術間近、１時間前とか30分前に行うシミュレーション体験は、若い医師の技量を高める点で非常に有用だ。

医学教育用だけでなく、術前の患者説明にも使うことができる。説明に使った３Ｄモデルを自宅に持ち帰ってもらい、自分のスマートフォンで手術を疑似体験してもらうのだ。

こうした３Ｄモデルがあると人に見せたくなるようで、患者が家族や友人などに自分が受けた手術の啓蒙をしてくれる。患者自身にとっても、人に教えることで体験や知識をより深く自分のものにできる。特に癌患者は自分の経験や知識を役立てたいと考える傾向があるようだ。

以前は病気や治療体験を適切に発信する方法がなかったが、ＶＲ技術は今後、健康教育にも重要な役割を果たしていくだろう。

短期間で専門医を養成する

5Gの普及によって、遠隔地にいる医師の操作で、へき地や離島の患者に対してロボット支援手術が行えるようになる未来像を示す向きもある。しかし、当面、現実化は難しいだろう。

ロボット支援手術を行っている際、有線接続であれ5G回線経由であれ、通信が切断される可能性は常にあり、その場合には瞬時にリカバリーする必要があるからだ。

ロボット支援手術のメリットはむしろ、高度な専門的手術ができる専門医を短期間に養成できる点にありそうだ。

da Vinciなどのロボット支援手術システムは、拡大視、立体視、多自由度の関節、振動防止などの支援機能を備えている。従来の腹腔鏡手術ではベテランになるまでに10年を要したが、ロボット支援手術なら1～2年で一人前の手術が可能になる。

地方に高度な専門医がいない場合、遠隔地のスーパードクターが執刀できる環境を整備するのではなく、その地域の医師がロボット支援手術によって専門的手術ができるようになる教育環境を整備することが望ましい。

医用VRの未来と課題

医療におけるVRは、コンテンツの充実とVR関連機器の低価格化、高機能多様化、軽量小型化、操作性の簡素化などが要望されている。また、医療施設以外のヘルスケア領域や在宅支援・介護現場での活用も期待されている。

それにはネットワークや端末などの設備インフラ、リテラシー、環境などの拡充が必須だ。患者情報というビッグデータの収集・管理・活用、セキュリティ保護を徹底しながら、コーポレートガバナンスやコンプライアンスも担保したデジタルトランスフォーメーション（DX）の推進が期待される。

第9章

致命的事故・癌闘病・友人の死から学んだ自分の解放

雪山に非日常が待っている

スキーは長年親しんだスポーツの1つだ。きっかけは通っていたスイミングスクールが企画した冬期スキー合宿。両親の故郷が東北地方なこともあって雪に親しんではいたが、未知の白銀の世界への挑戦は楽しそうで魅力的だった。

初めて参加したのが小学校4年生のとき。たちまちゲレンデの爽快感、スキーの疾走感のとりこになった。

スキー合宿での総仕上げとして、日本プロスキー教師協会（ＳＩＡ）のＪＩＴ（junior international test）検定を受けることになっていた。ＪＩＴ検定はレベル別にゴールド、シルバー、ブロンズ、レッド、イエロー、グリーンの6つのメダルが設けられ、どのメダルからも受検できる。ＪＩＴ検定に合格し、合宿最後に表彰される友だちが誇らしげでうらやましく、メダルがとても輝いて見えたものだ。

以来、毎冬・春にはスキー合宿に欠かさず参加。スイミングスクールを退会した後も高校2年生までスキー合宿には熱心に通い、念願のシルバーメダルを獲得したのだった。

小学生時代のスキー合宿

スキーが自分を解放した

医学部進学後はスキー部に入部、競技スキーにのめり込んだ。原田知世主演の映画『私をスキーに連れてって』（１９８７年）が大ヒットし、世間はスキーブームにわいていた頃だ。

それまで慣れ親しんだスキーは、いかにスマートに安全に滑り、減速するかに主眼を置く基礎スキー。大学で出合ったのはレースで一分一秒を争う体育会系の競技スキー。スピードと体力、技術を追い求めていくうちに、自分との戦いであることに気付き、スキーの奥深さを追求していく世界にさらに魅了された。

今ではストックを持たずにアクションカメラにセルフィー棒を付けて、臨場感のある滑降

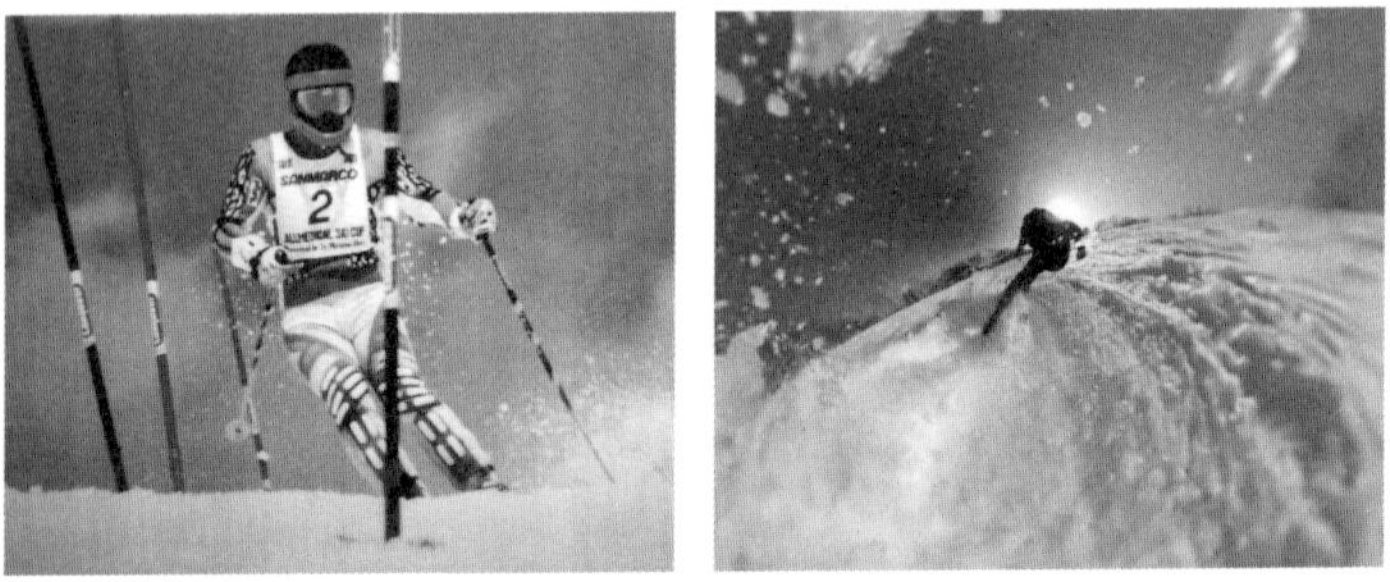

（左）大学競技スキー部時代の試合にて
（右）360°アクションカメラでセルフィー撮影し、フォトコンテストで入賞した作品

シーンを自撮りしながら滑降したり、３６０度カメラを頭上で旋回させながら全天周動画を撮影し、動画サイトに公開している。

スキー場ごとに異なる雰囲気も楽しみの１つだ。良好なバーンで滑るスキーは格別だし、地形、風景、雪質は各スキー場で異なる。非圧雪地でのバックカントリーや雪山登山しながらの滑降も、非日常を満喫する高尚な楽しみ方だ。

スキー歴を重ねるにつれ、そうした味わい、多様な楽しみ方がわかってきた。スキーは私の人生になくてはならない大切な存在だ。

脊髄損傷で生死をさまよう

いろいろな分野や地域からの講演依頼も増え、多忙なスケジュールをこなしていた神戸大学勤務時代の２

012年3月。講演先から夜中に神戸の自宅に戻り、寝不足をおして、翌日早朝から日帰りの予定で友人と奥神鍋《おくかんなべ》スキー場に自分たちで運転する車で向かった。

ひとしきりスキーを楽しんだ後、気付くと私はゲレンデに仰向けに倒れていた。気付いたときには左下腿と、首から腰にかけての強い痛み。それに上半身のけいれんとふるえ。逆行性健忘だろうか、事故前後のことはまったく記憶にない。今でも思い出せないままだ。

スキーに同行した友人によれば、一向に滑り降りてこないのを心配に思ってゲレンデを見上げたところ、倒れている私を発見。傍らには2人のスノーボーダーが立っていたという。

「大丈夫かっ！」

友人が声をかけながら近寄っていくと、スノーボーダーらは現場から逃げるように姿を消してしまった。

状況から推測すると、スキーの私へスノーボーダーが激突し、弾き飛ばされた後に頭から落ち、私の右のスキー板が左下腿のすねあたりに乗り上げ、しばらく意識がなくなったといったところだろう。

現場に居合わせたが逃げてしまったスノーボーダーの身元はわからず、真相はいまだに不明である。

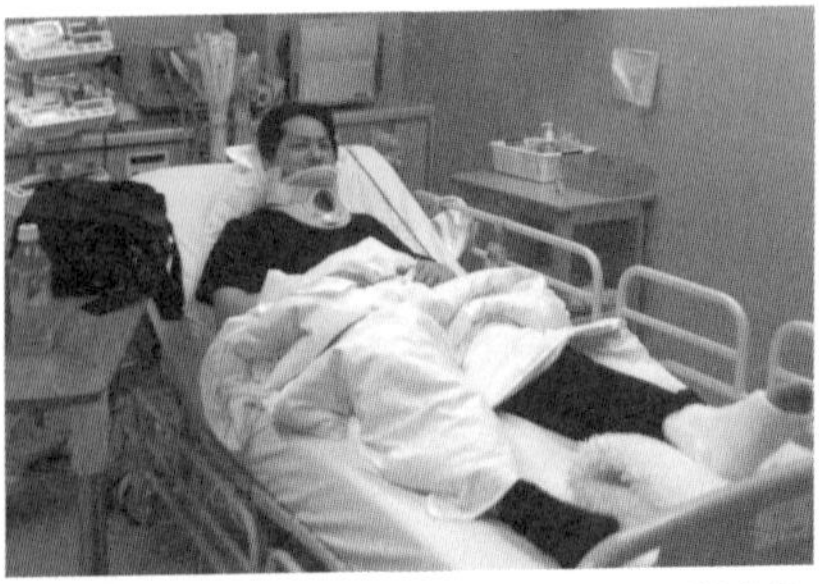

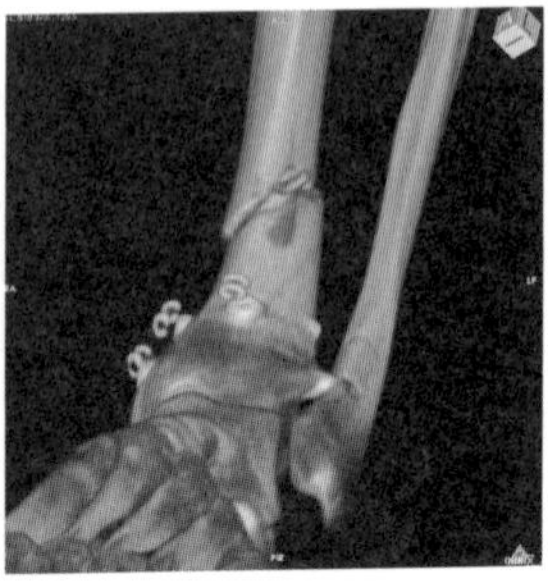

（左）全治 12 カ月のけがを負う（入院は 3 カ月）
（右）骨折した箇所の CT 画像

両手の小指を中心に両上肢が麻痺していたので、頚髄C7の損傷だとすぐに理解できた。レスキュー隊は、地元の病院への搬送を勧めたが、スキー場近くの山間部、しかも休日とあって、応急処置しかできないことが容易に予想できた。私自身も研修医時代にスキー場でアルバイトをし、ろくな検査や治療ができない地域医療の現実を痛感したことがある。脊髄損傷は半身不随や麻痺などの後遺症のリスクが高く、一刻を争う事態だ。私はレスキュー隊の指示を丁重にお断りし、友人の運転で、神戸大学医学部附属病院へ急いだ。

高速道路を飛ばし、神戸大学病院に約2時間後に到着するや否や、救命救急センターへ自ら片足ケンケンでウォークインし、救命センターの医師からびっくりされた。実際、脊髄損傷と意識障害があって、ICUにウォークインした患者は聞いたことがないそうだ。

診断結果は左脛骨骨折のほか、胸椎と腰椎2カ所の脊髄損傷で全治12カ月の重傷。手のふるえがひどくてまともにペンを持てず、緊急手術の同意書にサインできない状態だった。

しかもあと少し損傷が大きかったり、治療開始が遅れたりしていたら、命の危険や半身不随、麻痺が残ったかもしれなかったそうだ。自分が医師でよかったと心から思ったと同時に、外科医人生が終わったかもしれない恐怖に全身がふるえた。勤務先の神戸大学病院で、骨の中の空洞にインプラントを入れて固定する髄内釘手術を受けた。身体の痛みもさることながら、10歳からスキーを続け競技スキーに熱中した大学時代を通じて技術には自信がかなりあっただけに、自分が事故に遭った事実には精神的に参ってしまった。

骨折り損にしないために

入院しながらも職場には通い、病室を抜け出し車椅子で夜中のカンファレンスに出席しているところを看護師長に見つかって大目玉を食らった。医療スタッフを呼び出す院内PHSを入院棟のナースステーションに預け、「何かあったら僕を呼んでください」と頼んであきれられたこともあった。

再手術では、私の下半身を撮像したCT画像をDICOM形式でCD-ROMに書き出

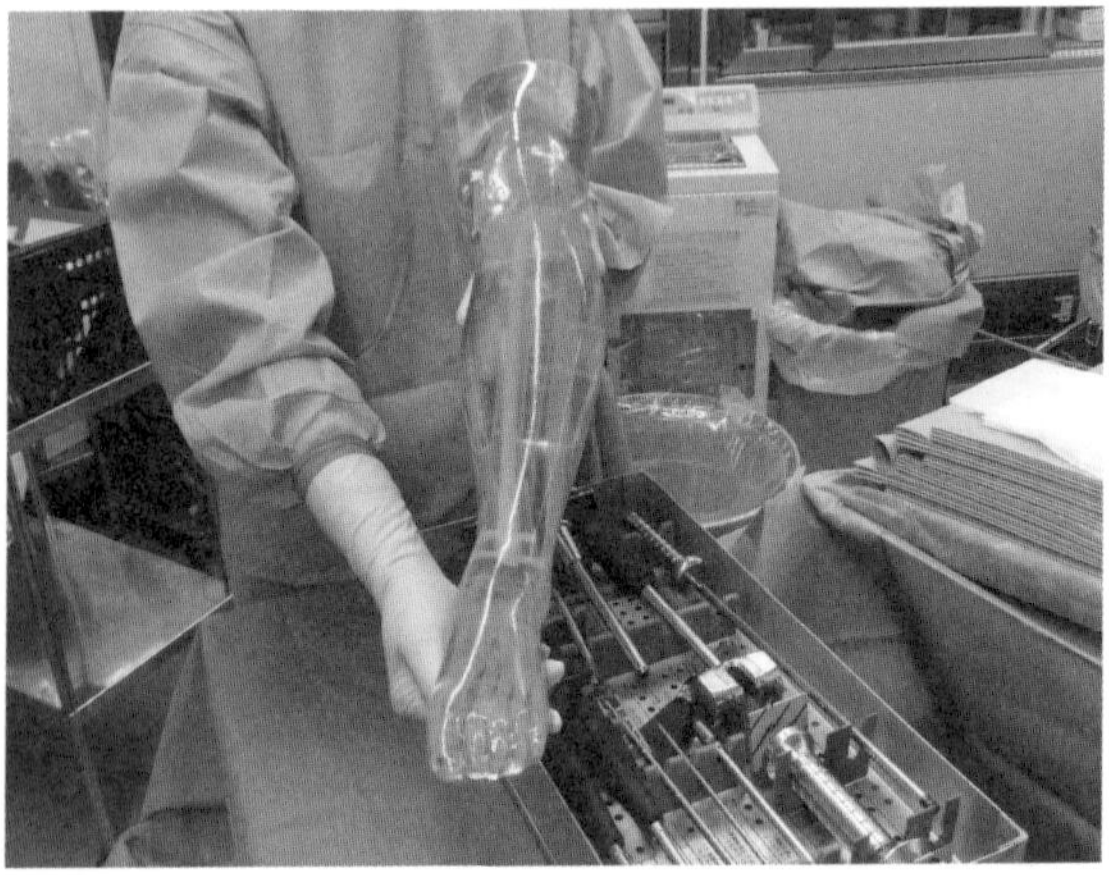

筆者の左脚の 3D プリンタ立体モデルで手術をサポート

してもらい、OsiriXでポリゴン化し、3Dプリンタでプリント。整形外科の新倉隆宏先生（現准教授）にはこれを参考にして手術計画を立ててもらった。

透明な樹脂素材でプリントした骨折部位の3Dモデルは術野にも置いて手術してもらった。新倉先生曰く「これはわかりやすい！」。

新倉先生と李相亮先生（現昭和大学医学部講師）はこの症例をきっかけに共同研究を続け、彼らの執刀する手術に助手として参加したりもした。それらの成果の一部は、論文「3Dプリンターで造形した立体複製骨盤モデル：寛骨臼骨折での応用」にまとめている。自分以外の医師の成果や医学の進歩・発展に寄与できたと思えば〝骨折り〟損ではなかったといえるだろう。

オクビョウという病

この事故をきっかけに生命についてそれまで以上に真剣に考えるようにもなった。医学教育、臨床経験を通じて多くの患者の生死にかかわってきたが、「自分が死ぬとはどういうことか」を身をもって知ることになった。

事故直後、生死の境界の向こう側へ踏み込んでいれば、「気づいたら」死んでいたわけだ。死んでしまっては気づくも何もあったものではないが、電化製品が電源ボタン１つですべてが止まるように、命が突然オフになるという感じだろうか。あるいは、仮に肉体が滅んでも意識がなおも継続しているとするなら、意識が再開した場所はゲレンデではなく、あの世だったかもしれない。

二度の手術と長いリハビリテーションは必要だったものの私は幸いにして完治した。しかし、重い後遺症が残ることだって十分予想できたことだ。

現にスポーツ中の事故で脊髄を損傷し、不幸にも半身不随、全身不随、植物状態になってしまうケースは決して珍しくない。こうしている間にも必死でリハビリに励む患者、復帰を願う家族は多いだろう。

日々、治療を行う医師からすれば、患者は対極的な存在だった。しかし医師も人間。精進を重ねて健康に気をつかっていても、不慮の事故で境界の向こう側の存在になり得る。漠然とした不安。未知なる死への恐怖。事故以来、スキーも、旅行も、毎年楽しんでいたダイビングもやめてしまった。

事故をきっかけに、実はずっと前から自分の傍らにひっそり身を潜めていた死の存在に気づき、怖気づく病「オクビョウ」にかかってしまったのだった。

医師が患者になったとき

長期間のリハビリやウェイトトレーニングは正直しんどかった。あれだけ自信があったスキーで死にかけたこと、事故現場で消えてしまったスノーボーダーらのことを考えると、怒りや恨みのネガティブな感情が湧き上がってきて、気持ちが少しも上向かないのだった。

長期入院では、医師や看護師など医療スタッフの応対、治療やリハビリを根気強く続ける患者らに自然と目がいく。

思わず二度見してしまうほどの重装備を全身に着けてリハビリするおばあちゃん。歩行はたどたどしくゆっくりしているが、表情は至って穏やかなのだ。医療スタッフと何気な

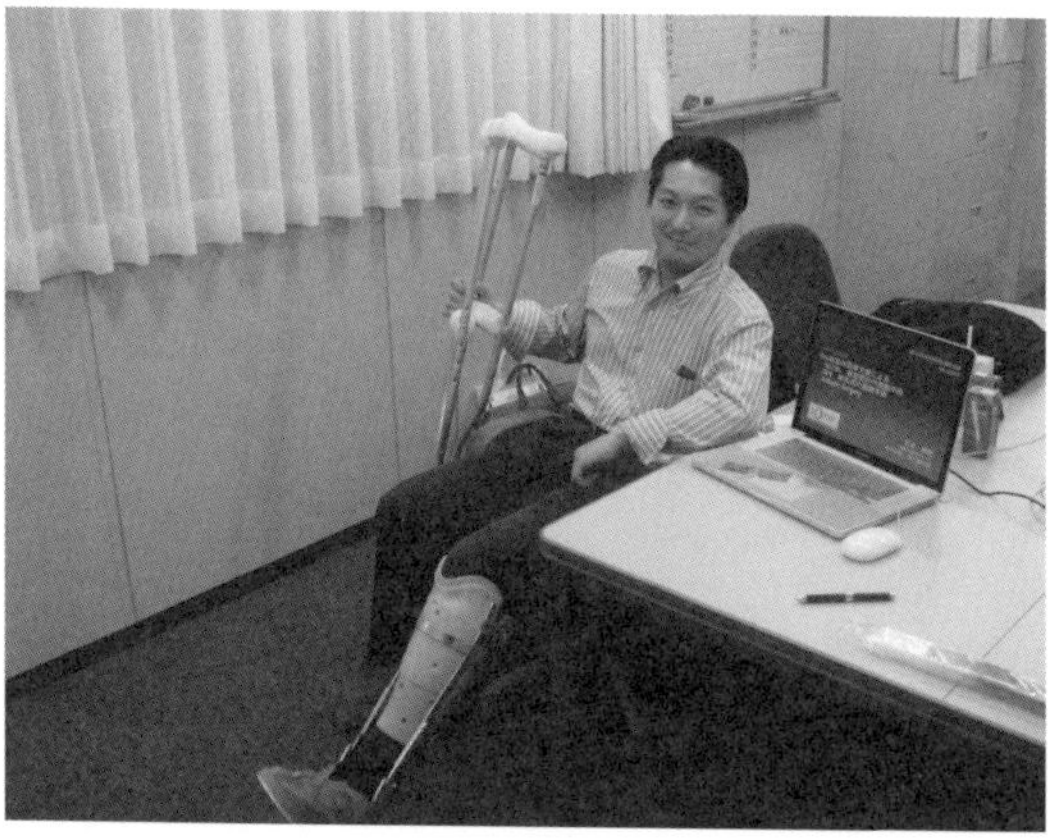

松葉杖でも講演を続けた

い会話を交わしながら淡々とリハビリをこなす多くの患者たち。

１日の治療やリハビリを終えれば、デイルーム（談話室）でたわいない雑談を楽しむ。健康な人たちが公園やカフェでおしゃべりする光景となんら変わらないワンシーンだ。

思うに、日常生活を送っていた普通の人が、病気になったりけがを負ったりして一時的に患者になるのであって、絶対的な患者というものは存在しない。リハビリに励み、やがて退院して日常生活へ戻っていく彼ら自身に〝患者〟という意識はないのだ。

医師だけが、入れ替わり立ち替わり入院してくる人間に患者というレッテルを貼って扱っている。病院を職場としてきた私も例外ではなく、病院には医師と患者の２種類しか存在しないと思い込んでいた。

医師と患者の二元論で考える習慣がついていたのだろう。医療を提供して〝あげる〟側と、医療を提供して〝もらう〟側。そこにヒエラルキーとか従属関係を感じてはいなかったか。優越感はみじんもなかったと胸を張って言えるか……。

医療を行う側から受ける側に立場が逆転したこの経験は、尊大になることを戒め、患者に寄り添う医師であろうとする貴重な気づきとなった。

医療ハッカソンで会津へ

福島県会津若松市に本社がある Eyes, JAPAN 社代表取締役の山寺純氏から講演に招かれたのはその頃だ。

山寺さんは日本初のコンピュータ専門大学である会津大学の創立初期に、通訳翻訳員として事務局運営に携わるなかでインターネット創成期に遭遇。１９９５年に当時の学生らとあいづ・ジャパン（現 Eyes, JAPAN 社）を創業した人で、後に私が心の壁を越えるきっかけをくれた、起業のメンターでもある大切な友人の一人だ。

医療・ヘルスケア分野の最新のＩＴ技術や先進事例を紹介する国際会議「ヘルス２・０」

が米国で毎年開催されており、その日本版「Health 2.0 Fukushima」を会津若松市で行うのだという。

このイベントにちなんで日本初の医療ハッカソンの開催を企画。私たちの医療3・0の活動が山寺さんの目にとまり、講演のオファーをもらったのだ。

ハッカソンとはプログラマーやデザイナーからなる参加チームが、決められた時間内でプログラミングし、その成果やアイデアを競う米国のIT業界発祥の開発イベントだ。ハッカソンという聞き慣れない言葉は、「ハック」と「マラソン」を掛け合わせた造語なのだそうだ。当時、ソフトのエンジニアらの間でハッカソンが盛んに開かれていた。

磐梯山温泉ホテルで開かれた
医療ハッカソンで主催者の山寺純さんと

医療ハッカソンは、アルツ磐梯スキー場併設の磐梯山温泉ホテルで行われた。参加チームの面々がプログラミングに集中するには絶好の環境だし、観客は天然温泉もスキーも楽しめるという粋なはからいだ。

心のシワ伸ばし「エクストリームアイロニング」

泊まり込んでハッカソンを見守った朝、ロープウェイで磐梯山のロープウェイ山頂駅まで上がり、山頂付近で朝食をとるイベントが催された。

朝食を済ませ、会話を楽しんだところで、医療ハッカソンの運営スタッフらがアイロンをやおら取り出し、突然、アイロンがけを始めたのだ。

一面雪で覆われたこのロケーションでアイロンがけ？　現実離れした光景を前に、私は呆然として、みんながアイロン台でアイロンがけするさまを見守っていた。

聞けば、これはエクストリームアイロニングという、れっきとしたスポーツなのだという。

「よかったらやってみない？」

促されるまま、導かれるままにバージンスノーを踏み付けて林の中へずんずん分け入っていく。崖際に至って突如視界が開けた。

開けた眺望の先、どーんという感じで旭光に反射してきらめく湖が見えた。日本で4番目に大きい猪苗代湖だ。

雪面にアイロン台を据え、アイロンのスイッチをオンにする（このときはコードリールを

スキー場で初エクストリームアイロニングに挑む。
遠景に猪苗代湖を望む

延ばしてきちんと電源を確保していた）。温まった頃合いを見て、シャツのシワをアイロンで伸ばしていく。きりりと冷えた青空にアイロンのスチームから蒸気が立ち上るさまが爽快だ。アイロン台の上でシャツのシワを伸ばす行為にひたすら没頭する。

憂い事を何もかも忘れ、まさに無我の境地。本当に気持ちがいい。

動画撮影してくれていたこのようすを後日、見返した。絶景を望む崖際のロケーションで、シューシュー蒸気を立てながら無心でアイロンがけをしている自分。なんてすごいことをやっていたんだ。心のスイッチが入った。

これがエクストリームアイロニングの神髄か！

「危険」で「ヤバい」やつ

ダートコースを駆けたりジャンプ台をクリアしたりする自転車競技BMX（bicycle motocross）や、素手で岩場を登るボルダリングのようなスポーツを総称してエクストリームスポーツという。

日本では「極端な」「大胆な」「過激な」と訳されることが多いが、原語でのニュアンスはやや違う。通常のスポーツでは命の危険はないが、エクストリームスポーツはちょっと「危険」で「ヤバい」やつ。でも、経験があって訓練も積んだプレーヤーなら危険を十分回避できるスポーツ。そんな感じだ。

エクストリームアイロニングもまた、危険な環境や状況下でアイロンがけするスポーツで、平然とアイロンをかけられる心の余裕あってこそなのだ。アイロンがけは心のシワを伸ばしているのだ、ということを後に調べて知った。

調べるほどにエクストリームアイロニングの背景がわかってきて、これはすごい！　もっとチャレンジしたいと思った。

経験豊富で危険も回避できるスポーツ、か……。

そうだ、スキーがあるじゃないか！　ストックなしで滑り降りることも容易にできていた。スキーで滑降しながらアイロンをかける――はた目には危険で過激かもしれないが、私にはきっとできるはずだ。

スキーで滑りながらアイロンがけするようすは自撮りでないと撮影できない。左手には自撮り棒とアイロン台、右手にアイロン。セルフィー棒先端のアクションカメラの向きを気にしながら、シャツのシワを伸ばしていく。

最初は恐る恐る、心の底からわき上がってくるオクビョウをなんとか抑え付けて。じきに勘を取り戻してきたら大胆に。

スキーで滑降しながらのエクストリームアイロニングはばっちりうまくいった。シュールでごきげんな画が撮れた。

YouTubeで動画を公開したところ、予想外の反響を得た。

「スキーで滑りながらアイロンをかけるヤバいやつがいるぜ」

これだ！　病み付きになった。

臆病、思い込み、心の壁

多くの人は勇気やトレーニング時間がないことを理由にエクストリームアイロニングをやらない。しかし実際は、能力の限界を知って安全を担保すれば、一見危険なシチュエーションでもアイロンがけは可能だ。

私にとってはスキーがそれで、安全に滑れば確実にアイロンがけできるし、それを見たみんなが笑ってくれ、喜んでくれる。もちろん自分が一番楽しい。

同時にスキー板へのかたくなな思い込みにも気づいた。滑りながらの自撮りにスピードは不要だ。これを機会に安定していて回転性もよいカービングスキーに履き替えた。レース志向の自分はレース用の板で滑らないとだめなんだと思い込んでいた、自分の心のシワもアイロンが伸ばしてくれた。

スキー事故で心に巣くったオクビョウという病。レース用スキー板に抱いていたプライド。エクストリームアイロニングをきっかけにこうした心の壁を越えることができた。もちろんエクストリームアイロニングは、私の信条にも絶妙にマッチする趣味の1つとなった。私を臆病という病から救ってくれたのは、外科医ではない心の友人の、エクストリーム（超

さまざまなシチュエーションでエクストリームアイロニング

越した）アイロニングというメスを超えた手術だったというわけだ。

癌サバイバーになって

癌サバイバーとは、癌治療を終えた人、癌と診断された人、再発した人も含む癌体験者で、生存している人をいう。

私が下唇内側の異変に気づいたのは2019年5月。下顎の前歯が歯列からずれて生えており、唇内側を誤って噛んでしまう。その傷がもとで口内炎になることもあった。

ある日、噛み癖がついている部位が硬くなり、少しずつ大きくなっている感じがした。口腔外科を受診したときはまさかとは思っていたが、細胞診検査をしたところ癌細胞が検出されたので、その日のうちに腫瘍すべてを切除してもらった。

切除した組織の病理診断結果は扁平上皮癌。深く浸透しない上皮内癌だったことも幸いし、CT検査での転移は認められなかったものの、今も通院で再発をチェックしている。

国立がん研究センターの統計によれば、日本人の2人に1人が、生涯に一度は癌にかかり、3人に1人は癌で亡くなっている。

癌には遺伝的素因もあるものの、だれがいつ癌になっても決しておかしくないということだ。まさか自分がという思いは癌の患者を多く見てきた私自身にもある。その一方で、早く気づけたのは自分が医師だったからだとも思う。

冗談のようだが文字どおり、癌を舐めていた。

仲間の死

ほぼ同時期に友人も癌になった。Ｈｏｌｏｅｙｅｓ社創業初期から開発に参加してくれたプログラマーで、個人的にも友人の相田秀行氏のことにも触れておきたい。

身体の一部の腫れに気づいて受診したところ、癌と診断されたと打ち明けられたのは２０１９年の夏頃だった。摘出手術後の追加治療には化学療法、放射線療法、それ以外の治療法など何がいいのか。セカンドオピニオンの相談も受けた。

入院治療のかたわら開発を続けてもらっていた２０２０年７月のある日、突然、相田さんの奥さんから電話をもらった。病状が悪化し検査に向かう相田さんから「もう戻ってこられないかもしれないから、杉本先生にだけは連絡して」と頼まれたと、彼女は言うのだった。

詳細な状況がつかめず検査結果の続報を待っていた数時間後、亡くなったという知らせを受けた。最期は肺への転移が進み、喀血に耐える壮絶な闘病だったという。

われわれのビジネスを裏方で支え、医用ＶＲサービスの基礎の大部分は相田さんが担当し、今でも彼の書いたコードやプログラムがサービスに生かされている。Ｈｏｌｏｅｙｅｓ ＭＤ／ＸＲの医療機器としての認証やローンチ（製品として市場に出すこと）ではともに喜び祝った。彼がかかわった未ローンチのサービスもある。未完のプロジェクトは彼の頭の中で永遠に閉ざされてしまった。冥福を祈るとともに、彼の志を継ぎ少しでも社会に還元する、そう強く誓った。

外来診療を再開

２０２０年後半になって十数年ぶりに私個人での外来診療を再開した。

臨床現場に立つ外科医であっても、手術の助手は執刀者ほど責任もない。

一方、外来診療ではすべてが自分の責任だ。再開は勇気がいる決断だったが、臨床をもう一度思い出してもいいんじゃないかという気持ちが勝った。

内視鏡も久しぶりに再開した。ほかの医療機器も進歩しているし、電子カルテの勝手も違う。

外来診療を再開する

何よりコロナ禍の外来医療のフロントラインがどういう状況になっているのかが気になった。医師は前線でどう考えているのか。医療スタッフはどう動いているのか。患者は何を思って受診しているのか。

新型コロナウイルス感染症の流行で特例措置として認められている初診からのオンライン診療は恒久化に向けて検討されているようだ。

新型コロナウイルス感染症の診療に直接かかわる医療従事者はもちろん、だれもが感染に強い関心を持っている。だからこそ、電話やモニタ越しの診察でできること、逆に対面診療でしかできないこと、テレプレゼンスというモニタ以上の臨場感と存在感のあるコミュニケーションツールの導入で可能になることなど、再開した外来診療を通じて、医師・患者間のコミュニケーションの本質を考えてみたい。

だれもが自分の中にある壁に気付かず、孤立する。その心を解放すれば、自分という境界はなくなり人々が繋がる。こうして個人的な価値観は社会的価値へ転換できる。コロナ禍で人との接触が制限される今こそ、自分を解放してみよう。

第10章

人との境界を越える共感の力

学会の真の目的は?

医療従事者に限らず、研究者の多くは何かしらの学会に所属している。

学会は、研究者同士の連絡や研究の促進、知識や情報の交換、学術の振興を図る事業などを遂行する組織、団体のことだ。年に1回の総会と、あるいは数回の地方会やセミナー、講演などが催される学術集会、学術大会も学会と呼ぶことがある。

学会に参加することで専門医や指導医の取得や更新に必要な単位数を取得できる学術集会もある。それが目的で学術集会に参加する者も多い。

学会での発表が苦手だという若い医師は私が帝京大学の肝胆膵外科グループに在籍していた当時も、現在も多い。

質疑応答での「先生、知ってる?(俺たちのほうがもっとよく知っているけど)」と知識を試す質問にはマウンティングの意図がありありで、質問者の意地の悪さが透けて見える。若手にとっては、知識が浅いことを自覚しつつ恐る恐る臨んだプレゼンの後に向けられる、先輩医師からの悪意の応酬は堪える。これでは若い人はみんな、学会が嫌いになってしまう。

2007年、米国DDW（ワシントンDC）でOsiriXと二酸化炭素3D膵胆道造影を学会発表。
手術でプロジェクションマッピングやジェスチャーコントロールを活用していた

学会発表はなぜ必要か、プレゼンはなんのためにするのか。

先輩に問うと、「業績のため」とか「専門医になれないから」「（学会発表という実績をつくらないと）教授になれないから」「医局のアピールのため」などと返ってきたものだ。「海外に行けるから」「地方の美味い食事や観光、MRの接待がおいしい」という実状もあった。

それが医局費や研究費をかけて学会に行く理由？

プレゼンの醍醐味を知る

私がプレゼンのおもしろさと重要性に気づいたのは、前に触れた急性膵炎の重症化評価に新しい立体画像構成を用いる方法を学会で発表したときだ。

研修医当時でも症例報告など、人前で発表する機会はあった。しかし、症例の報告にすぎず、自分が思いつき、発見し実践して得た成果を発表するのはこれが初めてだった。

そしてこのときの質問内容がまったく違ったのだ。観衆からの教えを乞う質問に対して、自分が教える立場になるのを初めて体験した。重症急性膵炎の重症度評価にCT画像を3次元的に再構築するのが有効だということを発見し、自分が最初にその方法を開発したのだ。これに関する知識はだれにも負けない。

「こんな方法でどうですか」とアドバイスした相手から、「教えてもらった方法で実践したら、うまくいったよ」というフィードバックがあったり、「杉本先生の方法は広める価値があるから、ぜひ一緒に勉強会を企画しよう」と新たな繋がりが生まれたりもした。

価値あるアウトプットを意識すれば、価値あるリアクションに繋がる、それがプレゼンの醍醐味であり、相手にインセンティブ（動機付け）を生む。

プレゼンで味方を増やす

これをきっかけに考え方を大きく切り替え、プレゼンを聴くときも、ネガティブな揚げ足取りやマウンティングはせず、お互いが味方になることを意識するようにしている。質問をする際にもプレゼン内容をよりよくする提案型に変えた。

「うちの施設での状況はこうなので、一緒にやるのはどうでしょう？」

「当院にはこんな設備があるから、合同で進めたらこんなことができると思います。協働しませんか」というように。

ネガティブな質問をすれば相手は心を閉ざし、敵をつくることになる。しまいには大事なことは教えられないとさえ言い出す。逆にポジティブに味方となるような質問をすると、相手も心を開いてくれる。それには先に自分の手の内を明かし、心を開いたほうがいい。

セッションが終了したら、発表者に駆け寄って「先生、先生、実はね……」と切り出し、本音を語り出すことも増えてきた。学会はこのほうがはるかに生産的だ。

ＯｓｉｒｉＸも然り。ＯｓｉｒｉＸを知り、だれよりもＯｓｉｒｉＸを勉強して、操作方法を習熟した。放射線科でボリュームレンダリングのアルゴリズムを学んでプレゼンした。そうなると私は教える立場だ。「ぜひ使ってください」ではなく「使い方を教えますのでやりましょう」。

これでプレゼンは発表者、観衆ともに味方になる。この体験からプレゼンの活かし方を覚えた。

リサーチ不足では相手に失礼だ

たまに見かけるプレゼンで、「私はこうだと思います」「こんなことに気付きました」といったようにアイデアのみを語り、実践した結果やそこから導かれたユニーク（オリジナル）な考察は語られないパターンがある。せいぜい身の回りが少し改善した程度で、身の回り限定だからうまくいったんじゃないか、違った環境や条件だと意味がないんじゃないか、とすぐ突っ込みたくもなる。

実践してうまくいった成果や方法を教えるとまねされるから内緒にする？　逆だ。みんながまねしてくれればそれがスタンダードになるんだ。

日本には日本語という言語の壁がある。国民皆保険制度という特殊な状況もある。医療事情は各国で異なる。英語が堪能で、海外での発表をよくこなしている人でも「症例は日本の規約でステージ2です」「胃癌の郭清は第2群です」と日本でしか通用しない表現に気付いていない。外国人相手に日本独特な用語やローカルルールを語っても無意味だろう。

原因は世界の医療事情への疎さ、圧倒的なリサーチ不足だ。日本での発表スライドを直訳しても、国際学会では無益だ。原稿を棒読みするのもやめよう。

せっかく海外の学会で発表する機会があっても、自分の出番が終わるとほかの講演者の発表も聴かずさっさと退室したり、日本人だけで固まり観光に出かけるなど、なんともったいない。そういう人は、国内の学会でも同様に振る舞っていることが多いのではないか。

無責任な残念プレゼン

自分の領域にしか関心がないのも残念だ。自分の専門とは違ったところにヒントがある。自分の診療科を越えたところに新しいアイデアやシナジーが生まれ、医療以外のジャンルでも素晴らしいことが山ほどあるというのに。

診療科という専門領域、医師という職業、病院という勤務先のなかだけで完結していては、その外の世界が見えなくなってしまう。

私が学会発表で耳にするたびにいかがなものかと思っているのは、ベテラン医師の「私はもうリタイアなので、あとは若い人に任せたい」という発言。言わなければいいのにと心底思う。私なら「私もまだ若い人に教わりたい」「若い人と勉強して次世代に伝承したい」と言うだろう。

突き放し感満載の無責任な発言は若い世代を阻害する。これを老害という。

鮮やかなプレゼンに心ふるえて

ＴＥＤをご存じだろうか。

ＴＥＤは世界規模のカンファレンスや社会的活動を行っている非営利団体で、イベント自体の名称は「TED Conferences」である。ＮＨＫ教育テレビジョン（現ＮＨＫ　Ｅテレ）で放送されていたこともあるし、インターネットの動画サイトで視聴したことがある人も多いだろう。簡単にいうとさまざまな分野の第一人者がプレゼンを通じて社会をよくする活動だ。

「ＴＥＤｘという招待制のイベントに誘われているんだけど、杉本君、興味があるなら一緒に行ってみない？」

ＴＥＤからライセンスを受け各国、各都市などのコミュニティが独自に開催しているイベントを「ＴＥＤｘ」という。２００９年に米国以外で初開催された第１回に続き、２回目の東京での「TEDxTokyo 2010」が開かれたときのことだった。

旧知の堀江重郎先生（当時は帝京大学医学部泌尿器科学教室教授、現順天堂大学大学院泌尿器外科学教授）から誘われ、イベントのなんたるかも判然としないまま、堀江先生についていった会場で、人生が変わる衝撃を受けた。

さまざまな業種の第一人者たちが行うプレゼンとパフォーマンスは、実に多彩で魅力的だった。プレゼンのワクを越え、参加者との対話あり、提言やワークショップあり。しかも内容が、観衆のインスピレーションをかき立ててくる。

世界の著名人らが目の前のステージに立っている。観客の中にも同じくらいの著名人が混じっている。2時間ほども確保されたブレイクタイムでは、ランチをとりながらプレゼンターと同じ目線で対等にディスカッションしたりもできる。

プレゼンターが参加者と一体になり、議論し合う。私が経験でつかみかけていたプレゼンの本質を見たと思った。

これが世界に広める価値なんだ

そこで知り合ったのがガー・レイノルズ氏だ。ガーさんは住友電気工業や、米アップル社のマーケティングマネジャーなどを経て、コミュニケーション・コンサルタントとして独立した、いわばプレゼンの専門家だ。

ガーさんは翌年の「TEDxTokyo 2011」ではプレゼンターとなって、プレゼンそのものを

（左）TEDx でプレゼンする
（右）ガーさんと筆者

テーマとしたプレゼンを行った。「プレゼンは世界を変えるんだ！」。彼の主張にショックを受けた。

そのとき、こんなチャンスはないと直感的に感じ、このプレゼンの達人に、私がプレゼンしたらどうなるか、挑戦したくなった。日本でiPadが発売される前、米国で購入したiPadにOsiriXでつくった3D医用画像をインストールしてガーさんに見せに行った。

「ガー、手術中に外科医が迷わないように、CT画像を3次元化してiPadに入れ、タッチ操作できるアプリを開発した。これで手術が効率化できる。僕はこれを世界に広めたいんだ」

「マキの今のプレゼンはすごかった。僕にこんなプレゼンをその場でやってみせたやつは初めてだ。何よりiPadというデバイスで、すぐに見せられる状態で準備していたところがすごい。それがプレゼンなんだよ！」

あらかじめスライドを用意してステージに立つ発表ばか

りがプレゼンではなくて、どこででもパッと相手に価値をアピールできるのがプレゼンなのだとガーさんは言った。それをきっかけに、ガーさんが日本で行うプレゼンでは日本人のプレゼンターとして私が紹介されたり、日本人でも優れたプレゼンができる実例として一緒にプレゼンセミナーを開催したりもした。それをきっかけに、彼の著書『Presentation Zen』の第2版では私も記事を執筆協力し、後の私の著書でも彼を紹介することになる。

共感が衝動を生む

TEDxのプレゼンは、それまで自分が行い見てきたものとはまったく違っていた。これこそが自分が表現したかったスタイルに近いと感じた。

なぜ人はプレゼンで動くのか。

報酬やペナルティででではなく人を動かすには、聞く者の共感を呼び、意欲をかき立てることが必要だ。一連の経験で人は知的好奇心を満たし、責任感を充足できる。そうした衝動を引き起こすインセンティブ（金銭報酬でなく動機付け）が人を動かすのだ。

プレゼンで人を共感させ、衝動を起こさせることができれば、ともにメリットを生み出すゴールを目指せる関係が築けるだろう。これを私はインセンティブプレゼンテーションと呼んでいる。

プレゼンをする行為が日常になるにつれ、わかってきたことがある。

プレゼンは発表の場だけで行われるものではないということだ。プレゼンとは相手に情報を提示しながら自分を表現し、思いを伝え、理解・納得を得ること、つまりコミュニケーションによって共感を生み出すこと、それがプレゼンなのだ。

プレゼンそのものは目的でもゴールでもない。こうしたプレゼン思考をもって自分の思いを伝えられれば、本当に人に伝わり、人を動かすことができる。そこにプレゼンの意味がある。

虚栄を張らずに

学会やイベント、セミナーなどでの経験を蓄積し、研究や知見を加えた私なりのプレゼン論は多くの人からの要望を受けて、『医療者・研究者を動かす インセンティブプレゼンテーション』（杉本真樹、ＫＡＤＯＫＡＷＡ／アスキー・メディアワークス、２０１４年）という本にまとめた。

この書籍の発売から時間が経って、社会のプレゼンへの注目度、プレゼンへの世間の見方がすっかり変わってきている。注目を引くスライドの効果的なつくり方や、場を盛り上げる話し方、効果的なジェスチャーとは……。そうした外見ばかりのプレゼンテクニック指南が大盛況だ。「素晴らしい」と賞賛されるプレゼンはもはや作品扱い、悪くいえば使い捨ての消費財のようだ。

ＳＮＳでの情報発信が当たり前になり、自分の評価基準にすらなった。ＹｏｕＴｕｂｅの動画再生回数を増やす、FacebookやInstagramの「いいね」をたくさん稼ぐ、実態以上に盛って見栄えをよくする、衝動をあおってバズらせる、フェイクニュースをまいて炎上で注目を浴びる……。

衝動を引き起こすことだけがプレゼンなのか。虚栄を張ることがプレゼンターのメリットになるのか。自分を偽り演じてプレゼンすればそんな人物像が期待され、後にギャップに苦しむことになる。それはプレゼンではない、デコレーションだ。

目的は感動させることじゃない。アイデアや研究結果を社会実装し、社会を明るくするためだ。目的や相手にかなったプレゼンならどんなスタイルだってかまわない、スライドだっていらない。脱プレゼンだ。

医師と患者が共感すれば安心の医療に繋がる

外来診療を再開し、オンライン診療をきっかけに医師・患者間のコミュニケーションを再考したいと先に述べた。

医療とはつまりコミュニケーションだ。ロボット支援手術やオンライン診療がいくら普及しても、人は人に診てもらい、人は人が癒やし、治すのだ。

患者は医師の人柄を見て「この人に診てほしい、治してほしい」と思うように、医師も同様に患者を、人格や生活背景をもった人として診るべきだ。

プレゼンの語源であるプレゼント（present）には2つの意味がある。「ギフト：贈り物」と「現在」「モーメント：瞬間」だ。今この瞬間でしかない時間や空間、空気や共感を分かち合うのがプレゼン。人と人が今しかできないコミュニケーション、相手から返ってくるフィードバックがまさにプレゼントなのだ。

最終章　メスを超えて

原点回帰という必然

帝京大学医学部を出発点に、帝京大学附属病院、ちば総合医療センター、米国留学、神戸大学、国際医療福祉大学を経て、Ｈｏｌｏｅｙｅｓ社を起業し、そして現在、外科医キャリアの原点である帝京大学附属病院の肝胆膵外科グループでＶＲ＋ロボット支援手術に携わっている。これは必然だったのではないかと感じている。

高田忠敬先生のもとで研究・臨床経験を積み、切磋琢磨したかつての同僚らと、今度はＶＲと手術ロボットという新しいツールを得て、帝京大学附属病院でまた一緒に働くことに、奇しき縁を思わないでもない。

最後にＨｏｌｏｅｙｅｓ社設立後に起こったことを駆け足で記しておく。

起業後も2年ほど兼務していた国際医療福祉大学は、医学部設立と医学部運営という当初のミッションの目途が立ったこと、誘ってくださった元学長の北島政樹先生が逝去されたこともあって退職した。医学部がある成田キャンパスとＨｏｌｏｅｙｅｓ社本社との物理的な行き来、時間のやり繰りがどんどんしんどくなったこと、所属研究科と、手術手技支援や外科医育成という自分の関心領域がずれていたことも遠因だった。

しばらくＨｏｌｏｅｙｅｓ社に専任していたものの、関心領域への思いは断ちがたい。帝京大学創立50周年記念式典で卒業生代表として講演したことが縁で、帝京大学沖永総合研究所に籍を置くことになった。

そこへ、帝京大学医学部を卒業後、東京慈恵会医科大学肝胆膵外科で長年キャリアを積んだ三澤健之先生が、２０２０年４月から母校の肝胆膵外科の教授として赴任することを知った。

肝臓・胆嚢・膵臓治療で評判が高い帝京大学附属病院の肝胆膵外科には膵癌患者も多く集まる。同年から保険適用となった膵癌のロボット支援手術を看板に、膵癌治療の橋頭堡にしたいのだという。

三澤先生には同窓ということもあって、関連学会で顔を合わせるたびに「いずれVR手術で協力してくれよ」、そんな声がけをしてもらっていた。それがいよいよ本書の序章で紹介したように現実化したというわけだ。

帝京大学附属病院へのｄａ Ｖｉｎｃｉ導入には浅からぬ縁もある。２０１２年の診療報酬改定で前立腺癌のロボット支援手術が初めて保険適用となり、泌尿器科への導入を熱望する堀江重郎先生らと助成金獲得の策を練ったり、堀江先生と渡米してスタンフォード大学でのトレーニングを受けたりするなど、一役買った経緯があって思い入れも強いのだ。

手術ロボットは万能ではない

Ｈｏｌｏｅｙｅｓシステムは、開腹手術、内視鏡外科手術、ロボット支援手術を問わず有用だが、なかでもロボット支援手術との親和性は高い。

開腹手術の場合、執刀医とそれをアシストする前立ちといわれる第１助手がいる。「こちらを持ってくれ」「ここを引っ張ってください」、手術中はそんなやり取りを絶えずやっている。

ｄａ Ｖｉｎｃｉによるロボット支援手術では、鉗子や内視鏡カメラを操作するのはサージョンコンソールに座る執刀医だけ。彼の周りにはだれもおらず、モニタで認識した画像をもとに自分で判断し、自分で手術を進めていく。助手は患者の術野付近に立ってロボットアーム先端の鉗子を交換したり補助したりする役割を担うので、執刀医と助手が協力し合ったり、察知した危険やインシデントを伝え合ったりする場面はまれだ。

私は多くのロボット支援手術を見てきたが、サージョンコンソールの執刀医と術野付近で遠隔操作の鉗子を見守る助手の間で起きる食い違い、ヒヤリとする場面は案外多い。

理由は２つある。両者のコミュニケーションが音声だけで行われている点。そして、内視鏡カメラによる３Ｄ画像を立体視している執刀医に対して、助手は奥行きがない平面モニタで内視鏡カメラ映像を見ている点。これらが原因で認識の齟齬《そご》が起きているのだ。

この点をＨｏｌｏｅｙｅｓシステムがうまく補ってくれるのは、序章の手術ドキュメントでも、ここまでの説明でもおわかりいただけるだろう。

触覚の欠如は致命的か

電気メス、手術ロボット。これらが、外科手術の機械化やデジタル化を促したイノベーションのツートップだと私は思っている。

手術用電気メスの発明で切開と止血が同時にできるようになった。手術ロボットの手技自体は内視鏡外科手術と原理的に同じだが、手術ロボットの登場で外科医の安心感と満足度、ひいては医療の安全性が格段に高まった。

ロボット支援手術時に起きがちなミスコミュニケーションをＨｏｌｏｅｙｅｓシステムで補完したい、帝京大学附属病院の肝胆膵外科でのロボット支援膵癌手術を盛り立てたい者として、ロボット支援手術には強い関心と期待をもっている。そこに水を差すようだが、ある医療事故にあえて触れておきたい。

２０１０年９月に行われたロボット支援による幽門《ゆうもん》側胃切除術で、術中にロボットアームが膵臓を強く押し続けたために膵臓がちぎれ、患者が急性膵炎を起こして死亡した。この事故の調査報告書には、手術ビデオの検証で、術野確保のためにロボット鉗子で膵臓を腹側から背側方向へ強く圧迫する操作が確認されるが、「執刀医、助手からのヒアリングでは、術中に膵臓を強く圧迫した事実にまったく気づいておらず、術後ビデオ検証で初めて圧迫の事実を認識した」とある。

報告書は、胃の裏側にある膵背部（膵臓の背側）を確認するには膵臓を後腹膜《こうふくまく》から離してめくらなければ観察できないため、術中、膵背部の損傷に気づかなかったことは外科医の不注意ではなく避けられなかったとしている。

そのうえで、「鉗子で膵臓を腹側から背側へ垂直に圧迫する操作は、〝膵臓に愛護的〟という基本概念に反する行為である。（略）ダビンチのオンサイトトレーニングの際に糸の結紮を施行すると、触覚欠如のため、細心の注意を払わなければ糸が容易に切れてしまう事は周知の事」と述べている（名古屋大学医学部附属病院医療事故調査委員会『事故調査報告書』）。

ロボット支援手術を推進したい私たちは、この医療事故をきっかけにロボット支援手術は危険である、適応は時期尚早だとする当時のマスコミや世論にとても危機感を抱いたものだ。

ロボット鉗子は扱い方次第で過度の力が臓器に及ぶ危険性を執刀医は肝に銘じておくべきであること、ロボット支援手術経験者を招いて経験医の指導のもとに手術すること、手術中に執刀医の判断だけで方針を決めるのではなく、チーム医療として助手も積極的に方針決定の際に発言し、チーム全体で検討する態勢をつくる必要があること。

報告書がそう意見し、私たち推進者も再確認してロボット支援手術の普及は止まることなく現在に至るわけだが、ここに私の研究テーマのルーツがある。

手術ロボットの内視鏡カメラは、触覚の欠如を視覚で補うために二眼になっている。ロボットアームに押し付けられた臓器のへこみ加減、光と影の変化で組織の軟らかさがわかる。曲げて離す、握って離すときの戻り具合の映像で人間は硬軟を判断する。つまり手術ロボットの立体視は触覚を代用しているのである。

目による視覚、手による触覚はインターフェイスにすぎない。インターフェイスを通じて得た情報を総合的に判断するのは脳だ。

第8章で、5G規格によって触覚を伝送するハプティクス通信技術の可能性に触れた。しかし現状では、触覚技術を開発するよりも視覚技術を発展させたほうが、コストパフォーマンスが高いことに気づいた。それがVRなのだ。

外科医を助ける外科医

話を戻そう。

三澤先生と和田慶太先生の間にいて、手術中、患者のVR画像を絶えず提供している私は、執刀医と助手の橋渡しを担っているといえる。この役割を端的に表現するうまい名前が見つからないが、内視鏡カメラやVR画像、音声情報などを総合して執刀医に助言するコンシェルジュ、あるいは執刀医（オペレータ）を補佐するコ・オペ（副オペレータ）あたりが適当だろうか。

ロボット支援手術の適応範囲は今後も拡大されていくだろう。手術の安全性を担保するために、コンシェルジュの必要性と有効性はもっと検討されるべきだ。

海堂尊さん原作の映画『チーム・バチスタの栄光』では、吉川晃司が演じる心臓外科医・桐生恭一の右耳元で、池内博之が扮する元外科医で病理医・鳴海涼がささやく。

「問題ない、今までで一番イージーなケースだ」

すべてを完璧に自分でこなせるはずの天才外科医（スーパードクター）が実はコンシェルジュとしての元外科医と力を合わせ、より高いパフォーマンスを発揮するこの映画で、執刀医を補佐する医師の存在に、私自身すごく共鳴したものだ。

未知の土地で、紙の地図がなくてもスマートフォンの地図アプリやナビゲーションがあれば目的地にたどりつける時代。地図アプリやナビが存在しない外科手術では、コンシェルジュの医師がその役目を担う。

「機械に頼るな、人に頼るな。外科医は常に1人で判断するものだ」。そう教わって、私は外科医としての修練を積んだ。しかし、外科手術が高度化する時代にその戒めはそぐわない。

効率化と協調性が若手外科医にも必要な時代だ。モチベーションを維持するために私は自立・成長・社会性を重要視している。自立でき、成長に喜び、社会を意識できる外科医を目指してほしい。つまりお互いが助け合える外科医だ。

外科医を助ける外科医は、生業として十分にあり得る。なり手が減っているというのに、それでは余計、外科医が足りなくなるではないかといわれるかもしれないが、補佐を受けた執刀医が半分の時間で手術を終えれば、さらに別の手術もできるではないか。

外科医の武器（ツール）はメスだけではない。自分の能力を最大化するために、デジタル機器やテクノロジーを柔軟に活用し、人と信頼し合ってメス以上のパフォーマンスを発揮するのだ。

外科医の象徴「メス」だけでは救えない命を、自分という壁を乗り越え病気の先にある社会価値に繋げる。それが、

メスを超える――

ということだ。

＊筆者年譜

１９７１（昭和46）年１月15日：東京都葛飾区柴又に生まれる
１９７７（昭和52）年４月：暁星学園暁星小学校入学
１９８３（昭和58）年４月：同暁星中学校進学
１９８６（昭和61）年４月：同暁星高等学校進学
１９８９（平成元）年４月：帝京大学医学部医学科入学
１９９６（平成８）年３月：同卒業、医師免許取得
１９９６（平成８）年５月〜１９９８（平成10）年３月：帝京大学医学部附属病院第１外科
１９９８（平成10）年４月〜２０００（平成12）年３月：国立病院機構東京医療センター外科
２０００（平成12）年４月〜２００４（平成16）年３月：帝京大学大学院医学研究科
２０００（平成12）年４月〜２００４（平成16）年６月：帝京大学医学部附属病院外科医員
２００４（平成16）年７月〜２００７（平成19）年６月：帝京大学ちば総合医療センター外科
２００７（平成19）年７月〜２００８（平成20）年６月：同助教
２００８（平成20）年７月〜２００９（平成21）年３月：Veterans Affairs Palo Alto Health Care System、Palo Alto、米国退役軍人局パロアルト病院消化器内視鏡科 Visiting Fellow 客員研究員
２００９（平成21）年４月：神戸大学大学院医学研究科内科学講座消化器内科学分野特務講師
２００９（平成21）年７月：同特命講師
２０１５（平成27）年４月：同特務准教授

2016（平成28）年10月：国際医療福祉大学大学院医療福祉学研究科准教授
：Ｈｏｌｏｅｙｅｓ取締役兼最高執行責任者ＣＯＯ、最高医療責任者ＣＭＯ
2019（令和元）年5月：帝京大学冲永総合研究所特任教授、Innovation Lab 室長

【著者紹介】
杉本真樹（すぎもと　まき）
医師・医学博士。Holoeyes（ホロアイズ）株式会社共同創業者、COO（最高執行責任者）、CMO（最高医療責任者）。帝京大学冲永総合研究所特任教授。1996年帝京大学医学部卒業。国立病院機構東京医療センター外科、米国カリフォルニア州退役軍人局パロアルト病院客員フェロー、神戸大学大学院医学研究科特務准教授、国際医療福祉大学大学院准教授等を経て2016年にHoloeyesを創業。2019年から帝京大学冲永総合研究所に特任教授としてInnovation Labを創設、室長を務める。日本外科学会専門医、日本消化器内視鏡学会専門医、日本内視鏡外科学会技術認定医。VR/AR/MR/XR、医用画像処理、医療ITシステム、手術支援、低侵襲手術や手術ロボット、3Dプリンタによる生体質感臓器モデルなど、最先端医療技術の研究開発と医工産学官連携に尽力。医療関連産業活性化、科学教育、若手人材育成などを精力的に行っている。

メスを超える
異端外科医のイノベーション

2021年3月25日発行

著　者――杉本真樹
発行者――駒橋憲一
発行所――東洋経済新報社
〒103-8345　東京都中央区日本橋本石町 1-2-1
電話＝東洋経済コールセンター　03(6386)1040
https://toyokeizai.net/

ＤＴＰ…………アイランドコレクション
印　刷…………ベクトル印刷
製　本…………ナショナル製本
カバー写真………梅谷秀司
編集協力………佐藤嘉宏
編集担当………髙橋由里

ISBN 978-4-492-22397-0